Jeff Fountain

Als das Neue Europa begann

Robert Schuman – Visionär einer Zeitenwende

Verlag Gottfried Bernard
Solingen

„Liebe deinen Nächsten!" Wie konnte Europa nach dem Krieg auf diesem wichtigsten aller Gebote wieder aufgebaut werden?

Danke allen für wertvolle Impulse zum englischen Manuskript: Nelleke Bosshardt, Dirk Boumann, Paul van Buitenen, David Fieldsend, Sander Luitwieler, Evert Jan Ouweneel, Ruth Robinson, Jannie Rogers, Thomas Schirrmacher und Michael Schluter.

© 2010 Jeff Fountain, Heerde, Niederlande
Titel des engl. Originals „Deeply Rooted"
Dieses Buch wurde in folgenden Sprachen publiziert:
Englisch, Französisch, Niederländisch und Dänisch

© 2015 Verlag Gottfried Bernard

Verlag Gottfried Bernard
Heidstraße 2a
42719 Solingen
E-Mail: verlag.gottfriedbernard@t-online.de
Internet: www.gbernard.de

ISBN 978-3-941714-37-3
Best. Nr. 175537

Grafik: Daniel Bernard und Stefanie Riewe, Kirchheim/Th.
Unter Verwendung von Bildern: Jeff Fountain und
„The European Union flag" © Anton Balazh / shutterstock
„Wide background – bright sun with beams, dark clouds" © Igor Zh. / shutterstock

Übersetzung: Markus Egli (JmeM), Beatrice Bleher und Werner Hübner
Satz: Satz & Medien Wieser, Stolberg
Druck: CPI Clausen und Bosse, Leck

Empfehlungen

In drei bedeutsamen Minuten am 9. Mai 1950 legte Robert Schuman die Grundlagen für das europäische Haus, in dem heute eine halbe Milliarde Europäer aus 27 Nationen in Frieden zusammen leben. Dies war sicher der Augenblick in dem das Nachkriegseuropa definiert wurde. Aber heute ist diese Geschichte wenig bekannt, wird selten vermittelt und kaum geschätzt.

Welche außergewöhnliche Vision beherrschte diesen Mann, der von einer früheren Generation als „Vater Europas" anerkannt war? Wie könnte diese Vision, die auf einem alten Befehl gründet, das Europa von morgen prägen?

Ich bin Jeff Fountain dankbar, dass er durch das Schreiben dieses Buchs Schumans Vision wiederbelebt.

Prof. Dr. Thomas Schirrmacher,
Rektor des Martin Bucer Seminars in Bonn,
Zürich, Innsbruck, Prag und Istanbul.

Endlich erscheint dieses Buch auf deutsch! Es ist eine Basislektüre für alle, die ihre Identität als Europäer ergriffen haben und darum für Europa beten wollen. Mögen es viele sein und durch dieses Buch noch mehr werden, denn es zeigt, wie sich Gott nach 1945 über Europa erbarmte. Und es immer noch tut. Betet!

Ortwin Schweitzer, „Wächterruf", Gebetsnetz für Deutschland

Vielen Dank an Jeff Fountain, der uns in Europa einen wichtigen Teil unseres positiven Nachkriegserbes wiedergibt. Dieses Buch bietet einen zentralen Schlüssel für politisches Engagement und die Mitgestaltung Europas heute!

Keith Warrington, Jugend mit einer Mission,
Berater von Leitern und Leitungsteams,
Autor des Buches:
Das Reich Gottes – Die Vision wiedergewinnen

Das Wunder der Entstehung der Europäischen Staatengemeinschaft, das hier durchaus spannend dokumentiert ist, macht dankbar für mehr als sechzig Jahre Frieden, der historisch einmalig ist für unseren Kontinent.

Elke Werner, Leiterin des Christus-Treff Marburg, Internationale Frauenarbeit WINGS – Women in God's Service.

Inhalt

Als das Neue Europa begann
Geleitwort von Ortwin Schweitzer 7

Grußwort von Prof. Dr. Th. Schirrmacher 9

Wichtige Daten im Leben von Robert Schuman 12

Vorwort 15

Einführung 16

1. Den Krieg unmöglich machen 27
2. Festnahme und Flucht 39
3. Gott und der Kaiser 49
4. Apostel der Versöhnung 60
5. Was ist nur geschehen? 71
6. Das Erbe weiterführen 86
7. Anlagen 109
    I. Die Schuman-Erklärung vom 9. Mai 1950 109
    II. Zurück zu den Wurzeln, der Zukunft Zuliebe 111
    III. Die Europäische Menschenrechtskonvention 121
    IV. Die Brüsseler Erklärung von 1992 128
    V. Das Schuman Zentrum für europäische Studien 130

Literatur 132

Als das Neue Europa begann
Geleitwort von Ortwin Schweitzer

Nur kurz eine Frage ...

ich weiß nicht, wie es Ihnen ging, als Sie den Titel dieses Buches lasen? Mir stand dabei spontan ein Sonnenaufgang vor Augen: wie ein neuer Tag, der aufgeht über der Welt.

So ähnlich war das, als am 9. Mai 1950 der französische Außenminister Robert Schuman nach Absprache mit dem deutschen Bundeskanzler Konrad Adenauer den Plan einer gemeinsamen Kohle- und Stahlproduktion beider Länder in der Zukunft vorschlug. Die „Montanunion" war geboren und mit ihr die Vision einer Gemeinsamkeit der beiden „Erbfeinde", die zum Fundament eines Neuen Europas werden sollte, dem heute 28 Nationen angehören und dessen Wohltaten in Frieden und Freiheit Aber-Millionen von Menschen genießen dürfen.

Der 9. Mai wurde darum zum „Europatag" gemacht. Die Geschichte dieses Tages, dieser epochalen Wende, wurde jedoch nicht in gleicher Weise weitergegeben. Wer aber diese Geschichte nicht kennt, für den stirbt die Vision des Neuen Europa und „Europa" degeneriert zu einem profitablen Wirtschaftsraum und einem Debattierclub.

Wer aber mit diesem Buch einmal aus der Nähe erlebt, wie sich aus dem Glauben zweier katholischer Staatsmänner eine Politik der Versöhnung und des Vertrauens entwickelte, der wird als Christ versuchen, in diesem Geist das Neue Europa heute weiter zu bauen. Schuman und Adenauer war wichtig, dass zwischen Frankreich und Deutschland Versöhnung und Vergebung stattfinden und dass künftig die Starken den kleineren Ländern helfen und diese sich nicht mehr vor ihnen fürchten müssen. So wurde Frieden durch Versöhnung und Solidarität aus Demut zu den Grundpfeilern des Neuen Europa bis heute.

Europa hat in den folgenden Jahrzehnten viele Entwicklungen mitgemacht – politisch, wirtschaftlich, ethisch, gesellschaftlich – so dass viele Menschen, gerade auch sehr wache, sich aus verschiedenen Gründen enttäuscht von Europa und dem Kurs der „Gemeinschaft" abgewandt haben. Schade, denn gerade ihre Mitarbeit wird fehlen, um dieses historisch einmalige Projekt einer Zusammenarbeit von so vielen Nationen in Frieden und Solidarität weiter zu führen. Es gibt nicht nur den verweigerten „Gottesbezug", es gibt heute auch eine wachsende Zahl von Christen, die lernen ihre Anliegen Europa-relevant in internationaler Vernetzung zu formulieren.

So möchte dieses Buch Mut machen, sich noch einmal neu für Europa zu engagieren und seine künftige Entwicklung bewusst zu verbinden mit seinen Anfängen: der Vision eines Neuen Europa aus dem Geist Jesu Christi.

Ortwin Schweitzer
Chairman of the „European Union of Prayer"

Grußwort

Wie konnten Deutschland und Frankreich jemals in Frieden zusammen leben? Nachdem ich eine umfangreiche Studie über „Hitlers Religion des Krieges" geschrieben hatte, fragte ich mich verwundert, wie die Franzosen je hatten vergeben können! Und wie konnten all die Vorurteile auf deutscher Seite je überwunden werden?

Mein Vater, der im Krieg Offizier war und nach dem Krieg Christ wurde, zeigte mir zwei Dinge auf.

Erstens: Als Charles de Gaulle und Konrad Adenauer 1962 den Frieden zwischen Frankreich und Deutschland feierten, geschah dies nicht zufällig während eines Gottesdienstes in der Kathedrale von Reims. Das Christentum ist die Religion der Versöhnung und bildet als solche die Grundlage für Versöhnung in gesellschaftlichen Angelegenheiten.

Zweitens: Nach diesem Ereignis nahmen hunderttausende von Schülern an Austauschprogrammen zwischen den beiden Ländern teil. Sie besuchten einen Monat lang Schulen im jeweils anderen Land, so dass eine neue Generation Freundschaft und Verstehen aufbauen konnte.

Beide Ereignisse verwirklichten Ideen, die von Robert Schuman stammten! Und so bin ich Jeff Fountain dankbar, dass er durch das Schreiben dieses Buchs Schumans Vision wiederbelebt. Es öffnet damit allen die Tür in das Leben und Denken von Schuman. Sein Leben bietet *„Hoffnung für Europa"*, um den Namen einer Bewegung zu verwenden, zu deren Gründung Jeff Fountain beigetragen hat.

Jurjen A. Zeilstra[1] hat nachgewiesen, wie sehr die Hoffnung auf Einheit und Frieden zwischen den christlichen Kirchen und die Hoffnung auf Einheit und Frieden unter Völkern und Staaten in Europa in Anbetracht der Herausforderungen von Rassismus,

---

[1] In seiner Dissertation „Europäischen Einheit im ökumenischen Denken 1937–1948". Uitgeverij Boekencentrum, Zoetermeer 1995

Nationalismus und Krieg zusammen gewachsen sind. Heute haben viele vergessen, dass die Europäische Gemeinschaft nicht aus wirtschaftlichen Gründen heraus entstanden ist, sondern um Frieden, Einheit, Werte und Menschenrechte aus einem christlichen Geist heraus zu fördern. Zumindest Christen sollten diese Vision wiederbeleben.

Der Apostel Paulus sah einmal in einem Traum einen Mann aus Europa, der rief: „Komm herüber und hilf uns". Als das Evangelium nach Europa kam, veränderte es den Kontinent. Dies kann wieder geschehen, wenn wir der Wegweisung durch Menschen wie Robert Schuman und seinen Kollegen folgen.

Prof. Dr. Thomas Schirrmacher
Präsident, Martin Bucer Europäisches Seminar und Forschungsinstitute
(Bonn, Zürich)
Direktor, International Institute for Religious Freedom
(Bonn, Kapstadt, Colombo)

> Wir sind aufgefordert,
> uns auf die christliche Basis Europas zu besinnen,
> indem wir ein demokratisches Regierungsmodell
> entstehen lassen, das sich durch Versöhnung zu
> einer „Gemeinschaft von Völkern" in Freiheit, Gleichheit,
> Solidarität und Frieden entwickelt. Ein Modell, das tief
> verwurzelt ist in den christlichen Grundwerten.
>
> Robert Schuman

Wichtige Daten im Leben von Robert Schuman

1886
29. Juni, geboren in Clausen, Luxemburg.

1896–1903
Gymnasium, Luxemburg.

1904–1910
Jurastudium an den Universitäten Berlin, München, Bonn und Straßburg.

1911
Die Mutter, Eugenie, geb Duren, stirbt.

1912
An das Gericht in Elsass-Lothringen berufen. Eröffnung einer eigenen Anwaltskanzlei in Metz.

1913
Organisationsleiter des Katholikentags in Metz.

1914
Einberufen zum Dienst in einer Hilfseinheit der deutschen Armee – Metz.

1915
Abgestellt zum Staatsdienst in Boulay.

1919
Gewählt als Abgeordneter für das Departement Mosel.

1924
Wiedergewählt als Abgeordneter für das Departement Mosel.

1928
Gewählt als Abgeordneter für den Wahlkreis Thionville-Ost.

1932
Wiedergewählt als Abgeordneter für den Wahlkreis Thionville-Ost.

1936
Gewählt zum conseil général für die Region Cattenom.

1940
Unterstaatssekretär für Flüchtlingsfragen in den Regierungen Reynaud und Petain (März bis Juli).
14. September: Verhaftung durch die Gestapo.
Gefängnishaft in Metz.

1941
13. April: Sonderhaft in Neustadt (Pfalz).

1942
1. August: Flucht von Neustadt nach Frankreich.
Im November geht er in den Untergrund.

1944
September: Rückkehr nach Moselle.
Als Abgeordneter für Moselle gewählt.

1945
Mitglied der Finanzkommission der Nationalversammlung (November 1945 – Mai 1946).

1946
Wiedergewählt als Abgeordneter für Moselle.
Mitglied der Finanzkommission.

1947
Finanzminister in der Regierung Ramadier (Januar bis November).
Ministerpräsident von Frankreich (November bis Juli 1948).

1948–52
Außenminister.

1950
9. Mai: Vorschlag einer europäischen Montanunion.

1951
Wiedergewählt als Abgeordneter für Moselle.

1955
Präsident der Europäischen Bewegung (1955–1961).

1955–56
Justizminister.

1956
Wiedergewählt als Abgeordneter für Moselle.

1958–60
Präsident des Europäischen Parlaments in Straßburg.

1962
Rückzug aus öffentlichen Ämtern aus Gesundheitsgründen.

1963
4. September: Robert Schuman stirbt in Scy-Chazelles bei Metz.

Vorwort

Die Geschichte wird hier noch einmal erzählt, um an den 60. Jahrestag, der am 9. Mai 1950 abgegebenen Schuman-Erklärung zu erinnern.

Diese Erklärung war vielleicht *das* definierende Ereignis für das moderne Europa. Vielleicht war sie sogar bedeutender als der dramatische Fall des Eisernen Vorhangs, insofern als dass sie die Grundlagen für das „Gebäude Europas" legte, dieses Haus, in dem heute eine halbe Milliarde Europäer in 27 Nationen in Frieden zusammenleben, eine Tatsache, die historisch ohne Beispiel ist.

Doch sowohl in der englischsprachigen Welt als auch in weiten Teilen Europas ist diese Geschichte immer noch weitgehend unbekannt. In Frankreich und Deutschland, den Ländern, in denen sich ein Großteil der Ereignisse abgespielt hat, werden die zugrundeliegenden Werte und die Vision oft vernachlässigt oder vergessen. In Skandinavien kennen die meisten die Wurzeln der europäischen Bewegung nicht, in der ihre Länder als Mitglieder oder Partner engagiert sind. In Mittel- und Osteuropa wird häufig missverstanden, wo der Ursprung des Wohls dieser „Gemeinschaft von Völkern", zu der ihre Länder seit Kurzem als neue Mitglieder zählen, liegt.

Europas Zukunft wird davon abhängen, ob wir fähig sind, uns als Europäer wieder mit dieser Geschichte und mit den Werten, die sie lehrt, zu verbinden.

Jeff Fountain
Schuman Zentrum für Europäische Studien
Europatag, 9. Mai 2010

Einführung

Vor inzwischen über 60 Jahren legte der französische Außenminister Robert Schuman einen mutigen Plan vor, der die Völker Europas in Frieden und Solidarität miteinander verbinden sollte. Aus diesem Plan ist das erwachsen, was wir heute als die Europäische Union kennen.

Das Klima von Hass und Bitterkeit, Misstrauen und Verdächtigung, Krise und Konflikt, Intrige und Aufruhr, das in Europa in den Jahren nach der Niederlage Hitlers herrschte, wurde jedoch größtenteils vergessen.

Schnell sind die euphorischen Szenen von Fahnen schwingenden Mengen, die die Siegertruppen begrüßten, der entmutigenden Realität gewichen, ein verwüstetes und geteiltes Europa wieder aufzubauen. Wie sollte das geschehen? Auf welchen Fundamenten? Mit welchen Werten? Was musste diesmal anders gemacht werden, um die anscheinend unvermeidbaren Zyklen der Kriege zwischen europäischen Stämmen zu durchbrechen?

Insbesondere Frankreich und Deutschland hatten sich durch ihre zentrale geografische Lage ständig wie streunende Katzen benommen, die sich um Grenzland-Happen balgten und immer wieder ihre europäischen Nachbarn in ausgewachsene Kämpfe hineinzogen. In der ersten Hälfte des zwanzigsten Jahrhunderts haben sich solche europäischen Raufereien, bei denen Frankreich und Deutschland mittendrin waren, zweimal zu globalen Flächenbränden entwickelt.

Die Geschichte der erstaunlich schnellen und doch nachhaltigen französisch-deutschen Versöhnung nach dem Zweiten Weltkrieg ist das Kernstück der gesamten europäischen Entwicklung der Nachkriegszeit. Es ist die Geschichte einer kleinen, engagierten Gruppe von Staatsmännern, die die gleichen Werte, die gleiche Vision und die gleichen Überzeugungen in Bezug auf Europas Zukunft und auf seine Grundlagen hatten.

Es ist eine Geschichte mit einer zentralen, für ihre Integrität und Demut weithin bekannten Persönlichkeit, die weltweit als „Vater Europas"[2] anerkannt ist.

Und doch ist der Name Robert Schuman in der englischsprachigen Welt heute weitgehend unbekannt oder unbeachtet. Wenn der Name genannt wird, wird er meist mit dem deutschen Komponisten des 19. Jahrhunderts, Robert Schumann (mit zwei „n") verwechselt. Eine Google-Recherche heute zeigt, dass es zwar zahlreiche französische Buchtitel, jedoch selten englische Publikationen gibt.

Diese Ahnungslosigkeit und Gleichgültigkeit deuten auf ein Versagen unserer modernen Erziehung hin. Sie erzeugen Vorurteile, die uns blind machen für eine großherzige, über das Nationale hinausgehende Vision, eine Vision, die in unserer globalisierten Welt von Nöten wäre.

Dies kann auch daran gemessen werden, wie erfolgreich die Bemühungen sind, das „Projekt Europa" als eine säkulare, pragmatische, technokratische Größe im Dienste effizienter Marktwirtschaft zu entstellen.

Der sechzigste Jahrestag (2010) der Ursprünge dessen, was zur Europäischen Union wurde, ist eine gute Gelegenheit, die Geschichte von Robert Schuman nochmals durchzugehen. Es ist eine Gelegenheit, von der Vision, den Werten und Lebenserfahrungen zu lernen, die ihn zu seiner Mission motivierten: das zu schaffen, was er einst als „Gemeinschaft von Völkern in Freiheit, Gleichheit, Solidarität und Frieden" beschrieb.

Denn Schuman glaubte, dass genau diese Werte das ursprüngliche Fundament Europas im ersten Jahrtausend der christlichen Ära gebildet hatten. Jahrzehntelange Versuche, Europa nach den Ideen von gottlosem Rationalismus, chauvinistischem Nationalismus und neuheidnischem Faschismus zu gestalten, hatten seine Überzeugung bestätigt, dass Europas Zukunft zur Bildung po-

---

[2] Nachdem er zwei Jahre lang Präsident der Europäischen Versammlung, dem späteren Europäischen Parlament, gewesen war, wurde Robert Schuman 1960 bei stehendem Applaus als „Vater Europas" gefeiert.

litischer und wirtschaftlicher Realitäten von der Wiedergewinnung christlicher Werte abhing.

Der Jahrestag 2010 erinnert uns daran, wie unbeständig und verwundbar Westeuropa nach dem Krieg in Anbetracht der fortwährenden Bedrohungen durch die kommunistische Dominanz und deren militärische, politische und gewerkschaftliche Aktionen, war. Die moderne europäische Geschichte hätte ganz anders ausgehen können. Ein dritter Weltkrieg war eine angsteinflößende Möglichkeit. Zwei Jahrzehnte nach dem Zerfall des kommunistischen Zangengriffs um Osteuropa neigen wir dazu zu vergessen, wie real, bedrohlich und allgegenwärtig diese Dominanz war.

Der Frieden und der Wohlstand, den Europa nach dem Krieg, vor allem im Westen, genossen hat, waren nicht einfach die natürliche Konsequenz von Hitlers Sturz. Vielmehr waren sie das glückliche Ergebnis einiger Schlüsselfaktoren, besonders der amerikanischen Wirtschaftshilfe, durch den 1947 gestarteten Marshallplan und der transatlantischen, militärischen Partnerschaft der NATO, die zwei Jahre später geschmiedet wurde. Beides hätte durch Misstrauen und Bitterkeit unter den europäischen Nationen fehlschlagen können. Man war gefährlich nahe dran, die Fehler der Vergangenheit zu wiederholen.

Schuman und seine christlichen Kollegen sahen die Notwendigkeit, ein moralisches Klima der Vergebung, Buße und Versöhnung zu schaffen, in dem eine „Gemeinschaft der Völker" gedeihen konnte.

Des Weiteren beleuchtet der sechzigste Jahrestag die große Ironie, die in der Weigerung Frankreichs liegt, den Namen Gottes, das Christentum oder christliche Werte im EU-Verfassungsvorschlag der letzten Jahre zu erwähnen. Schuman, der „Vater Europas", ein Franzose, früherer französischer Premierminister und französischer Außenminister, ein anerkannter französischer Staatsmann und Visionär, hat auf die Anerkennung gedrängt, dass „spirituelle und materielle Entwicklung Hand in Hand gehen". Er glaubte, dass die europäische Bewegung nur dann erfolgreich sein könnte, wenn zukünftige Generationen es schaffen würden, sich der Versuchung des Materialismus zu entziehen, der die Gesellschaft korrumpiert, indem er sie von ihren spirituellen Wurzeln trennt.[3]

Er war weit davon entfernt, seinen eigenen Glauben als Privat- oder Nebensache zu betrachten. Er sah seine Rolle in der Politik als Auftrag, als Berufung Gottes. „Wir sind nur sehr unvollkommene Instrumente der Vorhersehung und doch dazu gebraucht, großartige Entwürfe zu schaffen, die unser Begreifen übersteigen", sagte Schuman einst.

Angesichts der Herausforderung, ein von rivalisierenden Ideologien zerrissenes Europa wieder aufzubauen, hat Schuman seine Überzeugungen klar ausgedrückt: Ein solcher Wiederaufbau ist nur in einem Europa möglich, das in christlichen Grundwerten tief verwurzelt ist.[4]

Diese Überzeugung teilten seine deutschen und italienischen Kollegen, Konrad Adenauer und Alcide De Gasperi. Die katholischen Glaubensbrüder waren gemäß den Worten Adenauers „erfüllt vom Wunsch, das neue Gebäude Europas auf christlichen Grundlagen aufzubauen"[5]. Adenauer glaubte, dass diese Aufgabe „nicht nur ein politisches und wirtschaftliches Ziel sei, für das es sich zu kämpfen lohne, sondern echte, christliche Pflicht.[6]

Ungeachtet dieser Überzeugungen der Gründerväter, lehnte der Franzose Valéry Giscard d'Estaing, Vorsitzender des Parlaments, für den Verfassungsentwurf jeden Bezug auf Gott und das Christentum als mögliche „Verletzung von Freiheit und Gewissen" ab.

Es ist eine doppelte Ironie, dass durch Luther (*„Hier stehe ich, ich kann nicht anders."*) dieses großartige europäische Prinzip

---

[3] Rede vor der Generalversammlung der Internationalen Katholischen Organisationen, 12. März 1956
[4] Siehe Zitat S. 5, das aus Schumans Zeit als Präsident der Europäischen Versammlung stammt.
[5] Brief von Adenauer an Schuman, 23. August 1951. De Gasperi war der damalige Ministerpräsident Italiens.
[6] Lean, 1985, S. 380

von Freiheit und Gewissen, auf der Basis von Gottes Wort, eingeführt wurde.[7]

Es sind allerdings nicht nur säkulare, pragmatische Stimmen, die Unwissenheit und Gleichgültigkeit gegenüber dieser Geschichte des „Wiederaufbaus auf christlichen Grundlagen" fördern. Bis auf wenige erwähnenswerte Ausnahmen hat meine eigene evangelikale Umgebung lange Gleichgültigkeit, Argwohn und offene Feindseligkeit gegenüber dem „Projekt Europa" an den Tag gelegt.

Noch einmal lässt uns dieser Jahrestag innehalten, die Gründe der evangelikalen Reaktionen gegenüber „Europa" zu bedenken und zu fragen, ob solche Einstellungen auf der Bibel basieren.

Dass ich in einer Baptistengemeinde auf der anderen Seite der Welt aufgewachsen bin, hat mich selbst nicht von solchen Einstellungen abgeschirmt. Bildreiche Schilderungen biblischer Prophetien hinterließen keinen Zweifel, dass wir die Wiedererstehung des Römischen Reiches – im Buch der Offenbarung als das Tier mit den zehn Hörnern dargestellt – in der Form der Europäischen Gemeinschaft erleben würden. Als aus den ursprünglich sechs Gründungsmitgliedsstaaten neun wurden und dann das zehnte Mitglied das Bild abrundete, waren die Warnungen bestätigt. Pech für dieses Szenario: Aus den Zehn wurden zwölf, fünfzehn, dann fünfundzwanzig, siebenundzwanzig ... und wir zählen immer noch.

Ignoranz und Gleichgültigkeit, „Europa" betreffend, wurden – je weiter man nach Norden kam – auch durch protestantische Verdächtigungen gegenüber katholischen Initiativen genährt. Und es wurde uns gesagt, dies habe einen guten historischen Grund. Die Argumentation war folgendermaßen: Die durch einen hohen Preis erreichten politischen und religiösen Freiheiten in Holland, Schottland, England, der Schweiz, Deutschland und

---

[7] Die finale Formulierung des diskutierten Abschnitts des Verfassungsentwurfs lautete: „Schöpfend aus den kulturellen, religiösen und humanistischen Überlieferungen Europas, deren Werte in seinem Erbe weiter lebendig sind und die zentrale Stellung des Menschen und die Unverletzlichkeit und Unveräußerlichkeit seiner Rechte sowie den Vorrang des Rechts in der Gesellschaft verankert haben ..."

den skandinavischen Ländern sollten nicht leichtfertig der neuesten verführerischen Strategie geopfert werden, die von der „Hure Babel" (Rom) ausgeheckt wurde. Protestanten und Katholiken sind sich immer noch darüber einig, in gewissen Themen nicht einig zu sein, aber das Klima von Annahme und Zusammenarbeit hat sich in den letzten Jahren so erwärmt, dass einige sogar fragen: „Ist die Reformation vorbei?"[8] Papst Benedikt XVI hat in seiner wöchentlichen, öffentlichen Audienz auf dem Petersplatz verkündigt, dass Luther richtig damit lag, über Rechtfertigung *„allein durch Glauben"*[9] zu sprechen. Dies war keine neue Aussage, sondern eine Zusammenfassung der „Gemeinsamen Erklärung zur Rechtfertigungslehre" von lutherischen und katholischen Leitern, vom 31. Oktober 1999 in Augsburg[10]. Der emeritierte Papst, damals Kardinal Ratzinger, spielte bei dieser Übereinkunft eine entscheidende Rolle.

In einem zunehmend säkularisierten Europa erkennen jetzt viele Protestanten und Katholiken an, dass ihre Gemeinsamkeiten größer sind als ihre Unterschiede. Kardinal Walter Kasper, Präsident des „Päpstlichen Rates zur Förderung der Einheit der Christen", hat erklärt, dass das Wort Gottes, das die Protestanten und Katholiken früher gespalten hat, sie jetzt eins machen muss.

Während der Verfolgung durch die Nazis und dem gemeinsamen Widerstand gegen das Regime sind deutsche Christen beider Glaubensrichtungen schon während des Krieges zu dieser Erkenntnis gekommen. Dadurch wurde es möglich, dass sich die Christlich Demokratische Bewegung im Wiederaufbau nach dem Krieg als Schlüsselfaktor entwickeln konnte.

Andere Protestanten halten jedoch immer noch entgegen, dass „Europa", vertreten durch „Brüssel", trotz des Lippenbekenntnisses zur „Subsidiarität", eine bedauerliche Ausübung von Zentralgewalt ist,[11]. Folgende Warnung von Lord Acton ist berühmt ge-

---

[8] Noll & Nystrom, 2005
[9] 19. November 2008: siehe auch Benedikt XVI, *Von Gott geliebt: Der Papst spricht über Paulus*, 2009 (S. 78 der englischen Ausgabe *„St Paul"*)
[10] Siehe *„Gemeinsame Erklärung zur Rechtfertigungslehre"*, 2000
[11] Subsidiarität: Das Prinzip, Entscheidungen auf der kleinst möglichen Ebene zu treffen..

worden: Alle Macht korrumpiert und absolute Macht korrumpiert absolut. Uns wurde beigebracht, dass Dezentralisation, so wie sie sich in vielen protestantischen Formen von Gemeindeleitung findet, wo also Autorität hauptsächlich auf lokaler Ebene ausgeübt wird, die Antwort ist.

In unserer Zeit haben sich Evangelikale nur allzu oft durch ihre Mentalität des „Tante-Emma-Ladens" am Rand des Spielfelds aufgehalten und nicht mehr mitgespielt. Währenddessen beraten Politiker und Wirtschaftsleiter laufend über die Gestaltung der Zukunft Europas. Medien und Sportfunktionäre aus verschiedenen Nationen wirken zusammen, um Champions-League-Fußballspiele in unsere Wohnzimmer zu übertragen. Auch Mafiosi und Terroristen arbeiten über nationale Grenzen hinaus effektiv zusammen.

Dezentralisierung ist ein Rezept für Verschiedenartigkeit. Genauso berechtigt ist aber auch ein Bedarf nach breiterer Solidarität und Einheit – in Unterschiedlichkeit.

Aber wie steht es mit dem Einfluss des säkularen und gottlosen Humanismus und anderer „-Ismen" auf EU-Richtlinien zur Gleichbehandlung von Homosexualität, gleichgeschlechtlichen Ehen und anderen gesellschaftlichen Themen, die quer durch Europa nicht-biblischen Werten Geltung verschaffen?

Diese Abhandlung über die Geschichte von Robert Schuman ist keine Billigung dessen, was in der Europäischen Union entstanden ist. Im Gegenteil, indem wir diese Geschichte wieder erzählen, stellen wir folgende Fragen: *Was geschah mit der ursprünglichen Vision und den Grundwerten des „Projekts Europa"? Wer hat Europa gekapert? Und wer hat das alles zugelassen?*

Manchmal werde ich von besorgten Christen gefragt, ob ich glaube, dass Europa zu dem „Tier" werden wird, das in der Offenbarung genannt ist. Meine Antwort lautet: „Gewiss, wenn Christen unbeteiligt am Spielfeldrand bleiben und nur in ihren eigenen kirchlichen Kreisen aktiv sind, anstatt ihrer Berufung nachzukommen, Licht und Salz in der Welt zu sein." Sollte Europa wirklich ein geiziges, gottloses, selbstbezogenes „Tier" werden, ist das nicht Gottes Wille oder gar seine Bestimmung, sondern vielmehr deshalb, weil Gottes Volk ungehorsam und uneffektiv gewesen ist und nur vom Spielfeldrand aus agiert hat.

Solche Vorhersagen werden dann zu Prophetien, die sich selbst erfüllen.

Wie ist es eigentlich dazu gekommen, dass sich dieser Mann aus Neuseeland so für die Geschichte Europas interessiert und für die Sache Europas engagiert? 1975 kam ich nach Holland, wo ich einem holländischen Mädchen, Romkje, begegnete und sie heiratete. Sie hatte die Arbeit des internationalen Missionswerks Jugend mit einer Mission (Youth with a Mission, YWAM) in Holland begonnen. Ich ließ mich im Heimatland meiner Frau nieder und arbeitete bei YWAM. Ich bekam die holländische Staatsbürgerschaft und wurde dadurch europäischer Bürger.

1989 wurde ich zum Leiter für YWAM Europa ernannt. Die bedeutenden Ereignisse dieses Jahres, die ihren Höhepunkt im dramatischen Fall der Berliner Mauer fanden, bewirkten eine richtungsweisende Veränderung der geistigen und geistlichen Landschaft Europas.

Ich wurde eingeladen, andere Leiter christlicher Jugendbewegungen zu treffen, um mich mit ihnen gemeinsam mit den riesigen Auswirkungen dieser Veränderung auseinanderzusetzen. Auch als wir schon im Alter von dreißig und vierzig waren, haben wir uns noch nach reifen, evangelikalen „Vätern und Müttern" umgeschaut, die fähig waren, uns durch diese unsicheren Zeiten zu führen. Um ehrlich zu sein, haben wir wenige gefunden, die an dem umfassenderen Bild von Europa interessiert waren. Der Leiterschaft schienen örtliche Gemeindethemen wichtiger zu sein. Einzelne waren besorgt wegen „Brüssel" und dem Projekt „Europäische Gemeinschaft". Manche haben „Europa" sogar abgeschrieben. Sie meinten, es sei dazu verdammt, das „Tier" zu werden und sei deshalb ihrer Aufmerksamkeit nicht mehr würdig.

Erst später habe ich aufschlussreiche Berichte aus Führungsgremien von Großkirchen entdeckt. Viele davon waren hauptsächlich von katholischen Bischöfen, beispielsweise Kardinal Basil Hume[12].

---

[12] Hume, 1994

In der Zwischenzeit jedoch beschloss ich, dass wir selbst nach Brüssel gehen sollten, um unsere eigenen Erfahrungen zu machen. Daher habe ich mich 1991 mit Leitern von YWAM außerhalb des sternförmig-angelegten Berlaymont Gebäudes, dem Sitz der Europäischen Kommission im Europa-Distrikt getroffen. Manche von uns hatten von Behauptungen gehört, die von sogenannten Endzeit-Wächtern verbreitetet wurden, dass irgendwo in diesem „Berlaymonster" ein Computer Informationen über jeden Europäer sammeln würde. Als wir das Gebäude betraten, zeigten wir daher dem Wachpersonal etwas besorgt unsere Ausweise.

Man stelle sich unsere Überraschung vor, als wir drinnen von einem Kommissions-Verantwortlichen mit einem herzlichen Handschlag und der freundlichen Aussage begrüßt wurden: „So, Brüder, sollen wir mit einem Gebet beginnen?"

Unser Gastgeber, ein Ire namens Eamonn O'Rouairc, erklärte uns, dass er ein Gebetsnetzwerk von Angestellten leite, die in diesem Gebäude arbeiteten. Auf unsere Frage nach dem informationensammelnden Computer lachte er und sagte: „Wenn die Leute nur wüssten, wie inkompetent wir bezüglich unserer Computer sind!"

Er erzählte uns darauf die faszinierende Geschichte einer Handvoll engagierter christlicher Politiker, die – als sie sich der gewaltigen Aufgabe stellten, das Nachkriegseuropa wieder aufzubauen – die Notwendigkeit erkannten, ihre, sich dauernd bekriegenden Länder, zu versöhnen. Er betonte das Engagement eines lutherischen Evangelisten, der im Hintergrund eine Schlüsselrolle spielte, um Vertrauen zwischen diesen Männern aufzubauen.

Das uns hier dargelegte Verständnis von den Ursprüngen und Motiven hinter dem, was seither aus der Europäischen Union geworden ist, war so anders als alles, was ich zuvor gehört hatte!

Genau diese Geschichte ist es, die in den nächsten Kapiteln erzählt wird. Eine größtenteils vergessene, unbeachtete oder – vor allem in der englischsprachigen Welt – einfach nicht weitererzählte Geschichte.

Wir leiden unter unserem Kurzzeitgedächtnis. Und das Kurzzeitgedächtnis führt zu Kurzsichtigkeit.

Teil Eins

1. Den Krieg unmöglich machen

Gerade stiegen die letzten Passagiere im *Gare de l'Est* in den Zug von Paris nach Metz, als Robert Schuman es sich in seinem Abteil zweiter Klasse gemütlich machte. Er freute sich auf ein ruhiges Wochenende des Nachdenkens in seinem geliebten Landhaus in Scy-Chazelles, einem Weinbaugebiet außerhalb von Metz im Bezirk Moselle, in Lothringen, in dem Schuman politisch aktiv war.

An diesem letzten Samstagvormittag im April 1950 waren gerade fünf Jahre seit dem Ende des mörderischsten Krieges aller Zeiten vergangen. Aber das Ende der Kampfhandlungen hatte keinen nationalen „Frieden" gebracht. In den turbulenten Nachkriegsjahren konnte sich kaum eine Regierung Frankreichs länger als ein Jahr behaupten.

Dennoch führten Schumans Ruf, ehrlich und integer zu sein, sowie sein juristischer und politischer Scharfsinn, ihn zu Schlüsselpositionen politischer Verantwortung in seinem Land. Als er 1946 zum Finanzminister Frankreichs ernannt wurde, hatte seine Popularität es ihm ermöglicht, drastische Maßnahmen zur Stabilisierung der Nachkriegswirtschaft durchzusetzen. Im darauffolgenden Jahr, als das Land von einem Bürgerkrieg bedroht wurde, wurde Schuman vom Präsidenten gebeten, der neuen Regierung vorzustehen.

Den Anweisungen aus Moskau folgend, war es den kommunistischen Agitatoren gelungen, durch Streiks, Sabotage, Plünderung von Waffenfabriken und dem Lahmlegen von Eisenbahnen, Bergwerken und Kraftwerken Frankreich zum Stillstand zu bringen.

Nur eine Woche nach seiner Ernennung zum Premierminister mobilisierte Schuman 80 000 Reservisten, um gegen die Sabotage vorzugehen. Gewaltiger kommunistischer Widerstand brach an allen Fronten auf, doch Schuman blieb standhaft. In der französischen Nationalversammlung wurde er verbal unaufhörlich attackiert und beschuldigt, ein Nazi-Freund zu sein. Bei einem dieser Vorfälle, in der Hitze dieser entscheidenden Tage, wurde er von

Emotionen überwältigt. Er verbarg sein Gesicht in den Händen und betete still um Weisheit und eine Lösungsstrategie, bevor er im Programm der Versammlung fortfuhr.

Letztendlich beugte sich das zentrale Streikkomitee und gab das Signal, zur Arbeit zurückzukehren. Die Krise war überwunden.

Als die russischen Truppen erbarmungslos und mit eisernem Griff erst Polen, dann Ungarn und daraufhin Rumänien, Bulgarien und die Tschechoslowakei umklammerten, wurde jedoch klar, dass Stalins Absichten für Europa alles andere als friedfertig waren.

Im vorangegangenen Jahr, 1949, hatten die West-Alliierten den Versuch Russlands vereitelt, durch Unterbrechung der Straßen- und Eisenbahnverbindungen zu den westlichen Sektoren eine Blockade von ganz Berlin zu erreichen. Die Reaktion der Alliierten war eine Luftbrücke, welche täglich rund um die Uhr über viertausend Tonnen Versorgungsgüter nach Berlin brachte. Die Luftbrücke wurde fast ein Jahr lang mit insgesamt 200 000 Flügen durchgehalten.

Die ersten fünf Jahre nach dem Krieg waren alles andere als friedlich. Die Wochenenden in Scy-Chazelles boten Schuman seit dem Krieg wichtige Ruhepausen geistlicher und geistiger Erfrischung. Dieses spezifische Wochenende sollte ihm in seiner neuen Rolle als Außenminister helfen, ein wichtiges Treffen mit seinen amerikanischen und britischen Kollegen vorzubereiten. Der amerikanische Außenminister hatte ihn gemahnt, mit einem positiven Vorschlag bezüglich des Umgangs mit den Deutschen aufzuwarten und Ideen zu teilen, wie man Deutschland wieder in die Gemeinschaft der freien Nationen integrieren könnte. Sollte Schuman dem nicht nachommen, würde Frankreich keine weitere Mitsprache über die Zukunft des industrialisierten Ruhrgebiets bekommen.

Schuman brauchte also einen mutigen Plan, der die Landschaft neu formte, einen Plan, der es künftig erschweren, wenn nicht gar unmöglich machen sollte, Kriege zu führen. Seit dem letzten Treffen in New York im vergangen September hatten ihn Gedanken daran beschäftigt.

1. Den Krieg unmöglich machen

Kurz bevor der Zug den Bahnhof verließ, unterbrachen eilige Schritte auf dem Flur seine Überlegungen. Die Tür zu seinem Schlafwagenabteil wurde aufgezogen und Kopf und Schultern seines Privatsekretärs Bernard Clappier erschienen durch die Vorhänge.

"*Monsieur*, würden Sie dieses Papier von Monnet lesen, *s'il vous plait? C'est important!*"

Nachdem er seinem überraschten Chef das Dokument anvertraut hatte, verschwand er so schnell wie er gekommen war.

Als der Zug wenige Minuten später in Paris losfuhr, sichtete Schuman neugierig die ersten Seiten des Dokuments, um herauszufinden, was so wichtig war. Der Verfasser, Jean Monnet, war Schuman nicht unbekannt. Er wusste, dass es sich um einen Mann handelte, der international Erfahrungen gesammelt hatte, dessen Cognac-Familienbetrieb ihn mit Schweizern und Schweden, Engländern und Amerikanern und sogar Russen und Chinesen zusammen gebracht hatte. Es gab auch ein Gerücht, dass er 1912 vergeblich versucht hatte, eine Kabine für die Jungfernfahrt der Titanic zu buchen; was ihm wahrscheinlich das Leben gerettet hatte.

Nachdem Frankreich 1940 den Deutschen in die Hände gefallen war, sandte Churchill Monnet mit einem britischen Reisepass nach Washington. Er sollte die Amerikaner, die noch immer neutral waren, um Kriegshilfe und dadurch um Beistand zur Überwältigung der Deutschen bitten. Den Berechnungen des Volkswirts John Maynard Keynes zufolge, haben diese Bemühungen den Krieg um ein Jahr verkürzt.

Drei Jahre zuvor hatten sich Monnet und Schuman während der gemeinsamen Arbeit an der Finanzplanung kennen – und schätzen gelernt. An einem heißen Tag zogen sie während der Arbeit sogar ihr Jackett aus – zur damaligen Zeit – eine unübliche Formwidrigkeit.

Beide stimmten darin überein, dass es nötig wäre, den Frieden auf Gleichberechtigung aufzubauen. Sie sahen beide, dass die Friedensbemühungen nach dem ersten Weltkrieg an der diskriminierenden und überheblichen Haltung gegenüber den Deutschen gescheitert waren. Auch befürchteten beide, dass die gleichen Fehler wieder begangen werden würden.

Monnet glaubte wie Schuman, dass das alte Mächteverhältnis zwischen den Nationen, das schon zweimal versagt hatte und in Weltkriegen gemündet war, durch ein neues politisches System ersetzt werden müsste. Der rückgratlose Völkerbund hatte das Versagen enthüllt, welches immer dann erfolgt, wenn Zusammenarbeit nur auf Regierungsebene stattfindet. In der realpolitischen Welt der internationalen Beziehungen waren stärkere Maßnahmen erforderlich.

Fast zehn Jahre lang hatte Monnet – zwischenzeitlich sogar während der Kampfhandlungen – mit anderen zusammen über die Notwendigkeit diskutiert, deutsche und französische Stahlindustrie als ausschlaggebenden Bestandteil des Krieges, unter eine gemeinsame Leitung zu stellen. Schon lange träumte er von einer „Art zentraler Union, einem großen europäischen Markt ohne Handelsbeschränkungen", der durch „echte Preisgabe von Souveränität" dem Nationalismus entgegenstehen würde, „der der Fluch der modernen Welt ist".[13]

Monnet hatte den Eindruck, dass Schuman solchen unkonventionellen Ideen gegenüber offen wäre und „die Kraft und den Mut hätte, solch große Veränderungen anzustoßen".[14] Entsprechend hatte er sich an Schumans Sekretär Clappier gewandt, der ihm bestätigte, dass sein Chef nach eben solch einer Idee suchte, die er am 10. Mai in London beim Treffen der großen Drei vorstellen könnte. Clappier versprach, mit Schuman weiter darüber zu reden und sich dann wieder bei Monnet zu melden.

Die Zeit verging. Als Monnet nichts mehr von Clappier hörte, sandte er den Plan zu Premierminister Georges Bidault, auch wenn er dessen Fähigkeit, den Wert des Planes zu erkennen, geringer einschätzte. Monnet erinnerte sich, dass genau an dem Tag, an dem das Dokument zu Bidaults Büro gesandt worden war, Clappier vorbei kam, um sich für sein Schweigen zu entschuldigen.

---

[13] Francois Duchene, Jean Monnet – Pragmatic visionary, Bond, Smith & Wallace, 1996, S. 51

[14] Richard Mayne, Schuman, De Gasperi, Spaak – The European Frontiersmen, Bond, Smith & Wallace, 1996, S. 26

Monnet zeigte ihm, was er soeben an das Büro des Premiers gesandt hatte. Clappier las den Text rasch durch und verstand dessen Bedeutung sofort. Als er bemerkte, dass der Außenminister gleich den Samstagvormittag-Zug nach Metz besteigen würde, verabschiedete er sich und rannte, wie von der Tarantel gestochen, mit dem Text in der Hand zum *Gare de L'Est*.

Während der Zug ihn ostwärts trug, begriff auch Schuman schnell die Wichtigkeit des Dokumentes. Monets Vorschlag war mutig. Er war beispiellos. Und doch war er im Gleichklang mit seinen eigenen bisher unausgesprochenen Gedanken. Er durchbrach die gewohnte Tradition von bilateralen und multilateralen Handelsbeziehungen zwischen den Nationalstaaten. Solch frisches Denken konnte nur ein Internationalist, ein Außenseiter gegenüber der internen französischen Politik, hervorbringen. Dies könnte genau das sein, was er für das Treffen der großen Drei brauchte.

Am Ende seiner Reise wartete ein Dienstwagen am Bahnhof von Metz auf ihn. Wie üblich und zum Missfallen seines Sicherheitspersonals, zog er es vor, statt des Wagens, mit dem öffentlichen Bus durch die Vorstädte zu seinem Heimatdorf Scy-Chazelles, in den sanften Hügeln von Mont Saint Quentin, zu fahren.

Wie immer würde seine Haushälterin ihn begrüßen und für ihn kochen. Eine kleine, vom Alter gebeugte Frau, „la petite Marie" Kelle, kümmerte sich um sein einfaches, zweistöckiges, mit Stuck verziertes Häuschen, das von einem ummauerten Garten eingerahmt war. Dieses Arrangement dauerte 42 Jahre. Über vier Jahrzehnte, in denen Schuman einen einfachen Lebensstil pflegte, einen Lebensstil, den man wohl mit dem eines Priesters vergleichen kann.

Nicht nur seine Haushälterin, auch seine Bibliothek mit ihren 8000 Bänden wartete zu Hause auf ihn. Diese Quelle der Freude und Inspiration beinhaltete seltene Manuskripte und Originalhandschriften von allen Königen Frankreichs seit Karl V. Die Bibliothek, sein Studierzimmer, die Gärten und die befestigte Kirche von Saint Quentin auf der anderen Straßenseite waren die von ihm bevorzugten Orte für stilles Nachtdenken inmitten des Strudels seines politischen Lebens.[15]

Im Rückblick auf seine zweijährige Tätigkeit als Außenminister erinnerte er sich an den Europakongress in Den Haag im Mai 1948. Er empfand eine gewisse Befriedigung darüber, dass der Europarat mit einer Betonung auf Menschenrechten, Rechtsstaatlichkeit und demokratischer Entwicklung gebildet worden war. Er selbst hatte vorgeschlagen, dass der Rat im Folgejahr in Straßburg eingesetzt werden sollte.

Doch trotz seiner Bedeutung war der Europarat durch nationalistische Einschränkungen gelähmt. Dies war nicht die politische Lösung, die er ersehnte, die dauerhaften Frieden, basierend auf Gleichheit und Solidarität, bringen sollte.

Schuman wurde noch von den Erinnerungen an seinen beunruhigenden ersten offiziellen Deutschlandbesuch als Außenminister geplagt, der wenige Monate zuvor stattgefunden hatte. Eine feindlich eingestellte Presse stand ihm in Mainz, Bonn und Berlin entgegen. Er personifizierte für sie die Bedrohung, das unmittelbar hinter der Grenze gelegene Saarland mit seiner Kohle und seinem Stahl Frankreich anzugliedern. Für die meisten Franzosen war das Nachkriegsdeutschland immer noch eine große Bedrohung, sowohl politisch als auch wirtschaftlich. Sie empfanden es als ihr moralisches Recht, Ansprüche auf die Saar geltend zu machen.

Er wollte dem deutschen Kanzler Konrad Adenauer glauben, dass er ein guter und frommer Mann war, dem er vertrauen konnte. Aber das Thema Saarland hatte sogar in die Beziehung mit Adenauer Spannungen gebracht. Erst im vorangegangenen Monat, im März, hatte Adenauer die Idee einer politischen Union zwischen Deutschland und Frankreich mit offenen Türen für Großbritannien, Italien und den Beneluxländern, vorgeschlagen. Dies war keine neue Idee. Seit den 20er-Jahren dachte der Kanzler in diese Richtung. Aber die Gemütslage der beiden Länder Frankreich und Deutschland schien einen solchen Plan nicht zu begünstigen.

---

[15] Das Robert-Schuman-Haus ist heute ein Museum und eine Gedenkstätte und wird von der EU unterstützt.

Monnets Plan jedoch könnte praktisch genug sein, um tatsächlich zu funktionieren ...

Am Montagmorgen, den 1. Mai, wartete Clappier in ängstlicher Erwartung auf dem Bahnsteig des Gare de l'Est auf seinen Chef, der sich im gerade einfahrenden Zug befand. Schuman stieg aus dem Bahnwaggon, grüßte seinen *„chef de cabinet"* und schritt ohne weitere Worte in Richtung des wartenden Wagens. Unterwegs Richtung Quay d'Orsay platzte Clappier fast vor Neugier. Doch Schuman bestand darauf, nur über das Wetter zu reden.

Schließlich sprach Clappier die Frage direkt aus: *„Monsieur le ministre,* was denken Sie über das Dokument, das ich Ihnen am letzten Samstag mitgegeben habe?"

„Ich habe den Vorschlag gelesen. Ich werde ihn einbringen", sagte Schuman und untertrieb dabei bewusst.

Clappier verstand sofort, dass die folgenden Tage einen Wirbel an Planungen und Vorbereitungen, Entwürfen und Entwurfsänderungen mit sich bringen würden. Er verstand ebenso, dass Diskretion entscheidend für den Erfolg sein würde. Um jegliches Bestreben zur Vereitelung des Plans zu unterbinden, sollten nur die richtigen Personen in Kenntnis gesetzt werden.[16]

Schuman und Monnet informierten einen anfangs skeptischen Premierminister und zwei weitere Minister, die für ihren Glauben an „Europa" bekannt waren.[17] Für den 9. Mai, einen Tag vor dem Treffen der Großen Drei in London, war eine Versammlung des französischen Kabinetts angesetzt.

Am darauffolgenden Montag, dem 8. Mai, wies Schuman einen vertrauenswürdigen Beamten an, „einen heiklen und geheimen Auftrag" auszuführen, nämlich Adenauer in Bonn Briefe zukommen zu lassen, in denen der geheime Plan skizziert wurde.

Am nächsten Tag kam das französische Kabinett zum Ende seiner Besprechungen. Während des ganzen Treffens hatte sich Schuman nicht zu seinem Plan geäußert, da er noch nichts von

---

[16] Von dieser Begebenheit existieren widersprüchliche Berichte. Der oben genannte beruht auf Keyserlingk, 1972
[17] Bidault nannte diesen Plan „eine Seifenblase, nur ein weiteres internationales Gremium".

Adenauer gehört hatte. Endlich schob ihm Clappier eine Notiz zu, die besagte, dass der Mittelsmann in Bonn von einer euphorischen Reaktion Adenauers zu berichten wusste: „Dieser französische Vorschlag ist auf allen Ebenen historisch: Er stellt die Würde meines Landes wieder her und ist der Eckstein um Europa zu vereinigen".

Mit dieser Information in der Hand, bat der Außenminister um einen zusätzlichen Tagesordnungspunkt. Als diesem stattgegeben wurde, brachte er den Plan und den Bericht von Bonns Zustimmung auf den Tisch. Die beiden eingeweihten Minister erklärten sofort ihre Zustimmung. Andere benötigten wegen der Kühnheit des Planes mehr Überzeugungsarbeit. Zögerlich und trotz einiger privater Reserviertheiten stimmte das Kabinett schließlich zu, dass der Vorschlag um 18 Uhr in einer Pressekonferenz am Sitz des Außenministers, am Quai d'Orsay präsentiert werden sollte.

Vorbereitete Texte wurden eilig an die Botschafter von Italien, Holland, Belgien, Luxemburg, Großbritannien und den Vereinigten Staaten gesandt. Es erfolgten Einladungen an zweihundert Journalisten.

Da es schon 18 Uhr war, und die Einladung so kurzfristig erfolgt war, war nur eine Handvoll Journalisten in Paris verfügbar. Zusammen mit offiziellen Regierungsvertretern, Politikern und Diplomaten versammelten sie sich in den hohen Hallen des grandiosen *Salon d'Horloge* mit seinen Kronleuchtern und den goldenen, barocken Verzierungen.

Schuman stand vor einem riesigen Kaminsims und bat um Ruhe. Monnet saß neben ihm. Die Zuhörerschaft wurde ganz leise, als er sich setzte und begann, durch seine schwere Hornbrille hindurch vorzulesen.

Weltfrieden, so begann er, braucht kreativen Einsatz in der gleichen Größenordnung wie seine Bedrohung. Die französischen Bemühungen der Vergangenheit, für ein vereintes Europa zu kämpfen, haben versagt und daraus resultierte Krieg. Ein vereintes Europa kann sich aber nicht einfach so entwickeln. Es braucht dazu Schritte, die Solidarität aufbauen und die uralte Feindschaft zwischen Frankreich und Deutschland beseitigen.

1. Den Krieg unmöglich machen 35

Deshalb, so las er weiter, schlägt die Regierung an einem entscheidenden Punkt konkrete Taten vor: Die französisch-deutsche Stahl- und Kohleproduktion soll unter eine gemeinsame, über die Autorität der Nationalregierungen hinausreichende und für die Angliederung anderer europäischer Länder offene Hohe Autorität gestellt werden.

Dies wird gemeinsame Grundlagen für wirtschaftliche Entwicklung fördern. Es wird das Schicksal der Regionen, in denen bisher Kriegsmunition produziert wurde, und die am stärksten unter den Kriegen gelitten hatten, verändern. Schuman bezog sich hier hauptsächlich auf die Industriegebiete an Saar und Ruhr.

Diese Solidarität in der Produktion wird Krieg zwischen Frankreich und Deutschland nicht nur undenkbar, sondern praktisch unmöglich machen.

Schuman schaute auf von seinen vorbereiteten Notizen vor sich auf dem Tisch und blickte in die Reihen von erwartungsvollen Gesichtern, die an jedem seiner Worte hingen. Der Mut und die weitreichenden Konsequenzen dieses Vorschlags verfehlten bei keinem der Anwesenden ihre Wirkung. Als der Außenminister fortfuhr, war nichts zu hören, außer dem Klang der großen mechanischen Schreibmaschine der Protokollantin, die vor ihm saß und jedes seiner Worte festhielt.

Diese Einheit der Produktion, so fasste er zusammen, wird eine echte Grundlage für die wirtschaftliche Einigung aller Länder legen, die bereit sind, daran teilzunehmen. Sie wird zu einem höheren Lebensstandard führen und friedliche Ziele unterstützen. Dann wird Europa fähig sein, sich auf eine seiner wichtigsten Herausforderungen zu konzentrieren: die Entwicklungshilfe für den afrikanischen Kontinent.

Aus dieser Kooperation wird ein gemeinsames Wirtschaftssystem erwachsen, das zu stärkeren Verbindungen zwischen Ländern führt, die sich bisher entgegenstanden.

Er schloss wie folgt: Die Schaffung einer „Hohen Behörde", deren Entscheidungen für Frankreich, Deutschland und andere

Mitgliedsländer bindend sind, führt zu einer Europäischen Föderation, welche für dauerhaften Frieden notwendig ist.[18]

Bevor die Journalisten durch die Türen zu ihren Nachrichtenräumen drängten, war einen Moment lang Stille, welche die Bedeutung des soeben gemachten Vorschlags noch unterstrich.

Das waren bedeutende Neuigkeiten. In weniger als drei Minuten – die Zeit, die man benötigt, um ein Ei zu kochen– hatte der Minister von Moselle eine neue mögliche Zukunft Europas beschrieben. Er verkündete eine neue Beziehungsebene von Zusammenarbeit, gegenseitigem Respekt und Partnerschaft zwischen Frankreich und Deutschland und allen anderen teilnehmenden Nationen. Am bemerkenswertesten war, dass diese neue Ebene eine besiegte Nation als vollwertigen und ebenbürtigen Partner anerkannte und auf sie zuging. Dadurch wurden die bisherigen Horizonte für die Zukunft neu definiert.

Schlagzeilen, Leitartikel und politische Karikaturen der Weltpresse begrüßten in den folgenden Tagen die Großzügigkeit und Genialität dieses Plans. *„Frankreich überrascht die Nationen"*, schrieb der *Daily Herald*. Die *Bonner Rundschau* trug die Schlagzeile: *„Eine Sensation aus Frankreich"*. *Le Monde* widmete den Hauptteil der Titelseite dem, wie sie es nannte, revolutionären Vorschlag (*„une proposition révolutionaire"*).

Die kommunistische *L'Humanité* jedoch, sah in dem Vorschlag eine Bedrohung der Sowjetunion, einen ersten Schritt zum Wiederaufbau einer verbündeten Kriegsmaschine. Die Schweizer Zeitung *„Sie und Er"* beschrieb den Mann hinter diesem Vorschlag als:

nüchtern, knapp, mutig, ohne Illusionen, seriös aber nicht ohne Sinn für Humor, frei von Korruption, hart arbeitend, tief religiös, ein kleiner Sonderling, der nicht wirklich zum Image eines Staatsmannes der Französischen Republik passt. Er spricht nicht mal besonders gut Französisch. Seine Muttersprache ist Deutsch und er hat, anders als die meisten seiner Landsleute, absolut kein Ohr für Musik. Als eingefleischter Junggeselle gibt Schuman ganz offen zu, dass er von Frauen

---

[18] Vollständiger Text siehe Anhang I

eingeschüchtert ist. In der Dritten Republik wäre er unvorstellbar gewesen. Dass er heute eine so bedeutende Rolle spielt, ist symptomatisch für die Veränderung, die Frankreich durchlaufen hat. Ein Zeichen dafür, wie fundamental bescheiden das Land geworden ist..

Das Blatt fährt fort:

> Schuman ist nicht [...] korrupt wie viele Minister der Dritten Republik, er wirft nicht mit so großen Worten um sich, ist nicht so unbeugsam wie de Gaulle und hat nicht solchen Glanz und Witz wie Bideault; er ist geradlinig und ehrlich – nicht mehr und nicht weniger. Ein Politiker, der Trickserei und künstliches Getue ablehnt, ist eine Seltenheit und dabei eine angenehme – nicht nur in der französischen Politik.[19]

Es verging fast ein Jahr, bevor die europäische Montanunion (ECSC), wie in Schumans Plan vorgeschlagen, endlich durch die Pariser Verträge vom 15. April 1951 gesetzliche Realität wurde.

Noch mussten viele Details mit den teilnehmenden Nationen – darunter Italien, Belgien, Luxemburg und den Niederlanden ausgehandelt werden. Diese Aufgabe bewältigte vor allem Monnet unter Schumans Aufsicht aus der Ferne. Zum ersten Mal in der Weltgeschichte haben Nationen freiwillig ihre Souveränität einander untergeordnet, um ein supranationales Gebilde zu schaffen, welches vom Recht regiert wird.

Verhandlungen, die alles andere als zielstrebig waren und sich auf neuem Territorium bewegten, wurden durch den gemeinsamen Glauben und die Vision für Europa, die Schuman, Adenauer und ihr italienischer Kollege Premierminister Alcide de Gasperi teilten, sehr erleichtert. Ihre gemeinsame Überzeugung, dass das neue Europa wieder auf christlichen Grundlagen aufgebaut werden müsse – die Montanunion war ein Schritt in diese Richtung – fand ihren Ausdruck in einer Gebets-Einkehr der drei, welche sie,

---

[19] www.ena.lu

kurz vor der Unterzeichnung der Pariser Verträge, in einem Benediktinerkloster hielten.

Jean Monnet wurde der erste Präsident der Hohen Behörde (heute Europäische Kommission). Zusammen mit dem Ministerrat, der Europäischen Versammlung (heute das Europäische Parlament) und dem Gerichtshof (in Luxemburg) war diese eine der vier Säulen, die sich Schuman für das neue Europa erträumt hatte.

Viele der Strategien, die den Prozess der europäischen Integration anführten, waren in Schumans Originalplan schon vorhanden. Indem eine Minderheit von Kernnationen voranging, bewirkte ein „zweistufiger" Zugang zur Integration ein relativ schnelles Wachstum der Gemeinschaft, so dass diese nach ihrem Beginn am 9. Mai 1950 innerhalb von sechzig Jahren eine Union von 27 Nationen wurde.

Meine Generation und die vom Alter her wehrfähige Generation meiner Kinder sind die ersten Generationen in Westeuropa, die seit langer Zeit keinen Krieg mehr in Europa gesehen haben. Ganz anders als die Generationen unserer Eltern und Großeltern müssen unsere Familien nicht mehr um Kriegsopfer trauern, die ihr Leben in europäischen Kriegen mit EU-Mitgliedsstaaen verloren haben. Sechzig Jahre lang hat dieser kühne Plan tatsächlich Kriege zwischen Mitgliedsstaaten unmöglich gemacht. Und für diesen historischen Durchbruch sollten wir Gott danken!

2. Festnahme und Flucht

Welche Lebenserfahrungen und Einflüsse haben Robert Schumans geistliche Leidenschaft und international orientierte Motivation für ein versöhntes Europa geformt? Was waren die wichtigsten Faktoren, die seinen Charakter und seine Ansichten geprägt haben? Wodurch wurde er vorbereitet, seinen früheren Feinden die Hand zu reichen und an einer gemeinsamen Zukunft zu bauen?

In den vierundsechzig Jahren vor der Erklärung des 9. Mai 1950 wurde Schuman durch verschiedene Umstände fünf Mal gezwungen, seine Staatbürgerschaft zu ändern. Aus erster Hand erlebte er zwei Weltkriege, die aus dem Herzen Europas hervorbrachen. Er wurde Zeuge der vernichtenden Auswirkungen des Versailler Vertrages auf die Deutschen und erlebte, wie die Wirtschaftskrise zu nationalistischem Protektionismus führte. Er beobachtete auf der einen Seite des politischen Spektrums den Aufschwung des internationalen Kommunismus, beginnend mit der Russischen Revolution, und auf der anderen den Faschismus in Italien und den Nationalsozialismus in Deutschland. Er wurde durch die Gestapo gefangen genommen und sollte nach Dachau überführt werden, entkam jedoch und floh in den unbesetzten Teil Frankreichs.

Stürmische Zeiten prägten seine Lebensaufgabe, stabile, gerechte und dauerhafte europäische Rahmenbedingungen für eine „Gemeinschaft von Völkern" zu schaffen, die partnerschaftlich in Freiheit, Gleichheit, Solidarität und Frieden leben.

Sein Vater, Jean-Pierre Schuman, stammte aus dem französischen Lothringen und geriet, während dem erfolgreichen 1870er Feldzug gegen die Franzosen, in die Gefangenschaft der Preußischen Armee. Er wollte nach dem Krieg nicht unter preußischer Herrschaft in Lothringen leben und so wanderte er über die Grenze nach Luxemburg aus, wo er ein dort wohnendes Mädchen, Eugénie Duren, kennen lernte und heiratete.

Robert Schuman wurde 1886 in Luxemburg als einziges Kind des Paares geboren. Später beschrieb er, wie er schon in frühester Kindheit in den Ackerfurchen des Bauernhofs seines Onkels, an der Grenze zwischen Luxemburg und dem preußischen Lothringen, spielte. Sein Leben lang trug er das Bewusstsein in sich, eine „Grenzperson" zu sein.

Seine Mutter, eine überzeugte Katholikin, erzog Robert in ihrem frommen Glauben, begleitete ihn regelmäßig zur Messe und machte ihn auf Andachtsliteratur aufmerksam. Der Tod seines Vaters, Ende des Jahrhunderts, vertiefte die Mutter-Sohn-Bindungen des damals erst 14-jährigen Robert noch. Gemeinsam lasen sie die Bücher der ständig wachsenden Bibliothek, die zu sammeln ihn seine Mutter ermutigte.

Robert verließ sein Zuhause, um ein Jahr lang in Metz zu studieren. Daraufhin folgte der Besuch der Universität in Berlin, wo er mithalf, einen Zweig der Unitas, einem sozial engagierten, katholischen Studentenverband, zu gründen. Das weitere Studium in Bonn, München und Straßburg führte 1910 schließlich zur erfolgreichen Jura-Promotion.

Doch die rosige Zukunft des verheißungsvollen, 25 Jahre alten Rechtsanwalts mit neuer Anwaltspraxis in Metz, sollte an einem Sommertag 1911 jäh erschüttert werden. Die Nachricht erreichte ihn, dass ausbrechende Pferde seine Mutter während eines Hochzeitsempfanges zu Boden gerissen hatten und sie an den Verletzungen gestorben war.

Doch dieser tragische Verlust bewirkte, dass Schuman darüber nachdachte, „die Welt zu verlassen" und Priester zu werden. Eines seiner großen Vorbilder als junger Erwachsener war Abt Bentzler von der Abtei Maria Laach, ein Benediktinermönch, den Schuman als gottergebenen Mann schätzte. Der stille Lebensstil von Andacht, Kontemplation und Studieren sollte ihn ein Leben lang anziehen. Nun, da er allein auf der Welt war, erschien ihm diese Möglichkeit, sein Leben zu leben, besonders verlockend.

Schuman vertraute seine Gedanken in einem Brief seinem Freund Henri Eschbach an, der in Straßburg lebte. Da dieser sich keinen besseren Apostel als Schuman vorstellen konnte, antwortete er: *„les saints de l'avenir seront les saints en veston"* – die Hei-

2. Festnahme und Flucht

ligen der kommenden Zeit werden Heilige in Alltagskleidung sein.

Schuman, der zeitlebens darauf vertraute, dass Gott den Einzelnen persönlich führt, nahm diesen Rat als göttliche Ermutigung an, „den Atheisten leben zu helfen, anstatt den Christen sterben zu helfen".

Während seiner Studienzeit in Deutschland kam Schuman mit den Auswirkungen des Kulturkampfs 1871–1878 von Reichskanzler Bismarck gegen die katholische Kirche in Berührung. Das half ihm zu verstehen, dass zur Verteidigung religiöser Toleranz, rechtswissenschaftliche Fähigkeiten notwendig waren.[20]

Die einen Wendepunkt markierende Enzyklika *Rerum Novarum* von Papst Leo XIII., die die katholische Soziallehre artikuliert, formte seinen eigenen Glauben an die Notwendigkeit einer toleranten und gerechten Gesellschaft, die auf einer Wirtschaft basiert, die der Menschheit dient und nicht umgekehrt.

Neu motiviert stürzte sich Schuman in soziale Aktivitäten. Als Jugendleiter der Diözese Metz half er 1913 den deutsch-französischen Katholikentag in Metz zu organisieren.

Im folgenden Jahr brach noch einmal der Krieg zwischen Frankreich und Deutschland aus, und bald wurden weitere Nationen in diesen Konflikt hineingezogen. Weil er bei der Musterung ausgesondert wurde, wurde Schuman vom deutschen Wehrdienst befreit. Stattdessen wurden ihm Verwaltungsaufgaben zugewiesen. Außerhalb seiner Dienstzeiten half er Flüchtlingen und Gefangenen und organisierte Verbindungen innerhalb seiner katholischen Fürsorge-Netzwerke.

Durch die deutsche Niederlage fiel Elsass-Lothringen wieder einmal unter französische Herrschaft. Schumans Freunde dräng-

---

[20] Bismarck versuchte dem neu gegründeten Deutschen Reich eine weltliche Identität zu verschaffen, indem er die katholische Kirche politisch kontrollierte. Geistliche, die sich dem Kulturkampf widersetzten, wurden inhaftiert oder entlassen. Schließlich war die Hälfte der preußischen Bischöfe im Gefängnis oder im Exil, ein Viertel aller Pfarreien priesterlos, die Hälfte aller Mönche und Nonnen hatten Preußen verlassen, ein Drittel aller Klöster und Konvente waren geschlossen, 1800 Gemeindepfarrer waren im Gefängnis oder im Exil und tausende Laien waren inhaftiert, weil sie den Priestern geholfen hatten (Quelle: englische Wikipedia).

ten ihn, sich um einen französischen Parlamentssitz zu bewerben, um die Region Moselle zu repräsentieren. Obwohl er persönlich wenige Ambitionen auf eine politische Karriere hegte, erkannte er die Gelegenheit, besser für eine gerechte und tolerante Gesellschaft nach den Vorstellungen von *Rerum Novarum* arbeiten zu können.

Als Abgeordneter im Alter von 33 Jahren fühlte sich Schuman dafür verantwortlich, die Bismarckschen Gesetze der „verlorenen Provinzen" Elsass und Lothringen mit den französischen Großstadt-Gesetzen in Einklang zu bringen. Paris forderte, zum Beispiel im Erziehungswesen, eine verstärkte Säkularisierung und eine Eingliederung in das nationale Sozialversicherungssystem.

Die meisten Elsass-Lothringer waren der Überzeugung, dass Bismarck ihnen eine ausgezeichnete Sozialversicherung gegeben hatte und waren nicht bereit, diese aufzugeben. Schuman stimmte ihnen zu. Ungeachtet des *Kulturkampfes* hatten die Deutschen den Katholiken, Protestanten und Juden in Elsass-Lothringen erlaubt, ihre eigenen Schulen zu unterhalten. Schuman kämpfte energisch für deren demokratische Rechte, ihren Gewissensüberzeugungen folgen zu können und ihre Religion und Erziehung selbst zu wählen.

Schuman warnte Paris, dass die zentralistische Vorgabe undemokratisch wäre und zu „einer Quelle von gravierenden Schwierigkeiten werden würde, für die keine Verantwortung übernommen werden könnte".

Bis zum heutigen Tag garantiert das daraus resultierende Gesetz, bekannt als Lex Schuman, in Frankreich einzigartige Freiheiten und Vorteile für diese Region.

Durch das Netzwerk seiner früheren Studienfreunde in unterschiedlichen deutschen Städten und die breiten Kontakte seines katholischen Sozialwerkes bekam Schuman eine internationale Sicht, wobei ihm nationalistische Stimmungen, seien sie von deutscher oder französischer Seite, Sorge bereiteten. Er erkannte, dass Menschen, die eines Glaubens waren, sich solidarisch miteinander verhielten und Bereitschaft zur Humanität zeigten. Er nahm an internationalen Kongressen, sowohl katholischer wie diplomatischer Art, teil, die seine Überzeugung stärkten, dass un-

2. Festnahme und Flucht

ter den Nationen Verständnis und Kooperation, Partnerschaft und Respekt gefördert werden müssten.

Seine Kompetenz, Genügsamkeit und Integrität, sowie seine Fähigkeit zuzuhören, verschafften ihm Respekt, sowohl bei seinen Unterstützern als auch bei seinen Kontrahenten und bewirkten seine fortwährende Wiederwahl bis zu dem Zeitpunkt als erneut Krieg ausbrach. Der Vormarsch der deutschen Streitkräfte mit der Invasion Frankreichs im Mai 1940 und ihr Überschreiten der „unüberwindbaren" Maginotlinie zwangen ganze Flüchtlingsströme von Lothringen aus westwärts zu fliehen. Schuman wurde in dieser Zeit in die Regierung unter Paul Reynaud gerufen. Als Untersekretär für Flüchtlinge war es seine Aufgabe, die Versorgung mit Nahrung, Unterkunft und medizinischem Beistand für seine Lothringer Landsleute zu organisieren. Nachdem am 14. Juni die deutschen Truppen in Paris einmarschiert waren, dankte Reynaud ab und die französische Regierung wurde gezwungen, eine militärische Vereinbarung mit den Besatzern zu unterschreiben. Zum neuen Regierungschef wurde der Held des Ersten Weltkrieges, Marshall Pétain, im Alter von 84 Jahren ernannt. Er stimmte zu, Nazi-Deutschland den Norden und Westen des Landes, einschließlich Paris zu überlassen, wenn dadurch der Süden und der Osten unbesetzt bleiben würden. Das Verwaltungszentrum der neuen Regierung zog in die Bezirksstadt Vichy, in die Zentralregion nahe Clermont-Ferrand, 300 Kilometer südlich von Paris.

Für Schuman war klar, dass Pétain eine Marionette Hitlers war, und er weigerte sich, irgendeine Aufgabe in dem neuen Regime zu übernehmen. Der alte Marschall riss schnell alle Macht an sich. Er nutzte diese, um die republikanischen Ideale „Freiheit, Gleichheit und Brüderlichkeit" zu Gunsten einer „sozialen Hierarchie" zu demontieren. Vichy-Frankreich sank schnell auf das Niveau eines autoritären, paternalistischen, anti-internationalistischen und reaktionären, katholischen Staates, der seine Gegner regelmäßig inhaftierte.

Inzwischen schloss sich Schuman einer kleinen Gruppe von Flüchtlingen an, die in das, nun von Deutschen besetzte Lothringen, zurückkehrten. Er wollte der Regierung aus erster Hand von den örtlichen Bedingungen berichten. Noch dringlicher war es für ihn, jede belastende Korrespondenz zu vernichten, die seine deutschen Kontakte hätte gefährden können.

In Metz angekommen, verbrachte er den Sommer mit der energischen Verteidigung der dortigen Bevölkerung gegen ihre Unterdrücker. Zu Beginn des Herbstes wollte Schuman nach Paris zurückkreisen.

Diese Pläne fanden ein jähes Ende, als die Gestapo ihn festnahm. Er war das erste französische Parlamentsmitglied, das diese Demütigung erlitt.

Sieben lange Monate Einzelhaft wurden nur durch harsche Kreuzverhöre „erleichtert". Es war nicht unentdeckt geblieben, dass er einen ähnlichen Hintergrund und ähnliche Überzeugungen hatte, wie Adenauer. Seine Befrager versuchten, Schumans Besuch in Köln 1932, in der Zeit also, in der Adenauer Bürgermeister war, als konspirativen Kontakt der beiden Männer darzustellen. Die Wahrheit war, dass sich die beiden vor Ende des Krieges nicht getroffen hatten.

Ausführliche Kreuzverhöre drehten sich auch um Schumans Besuch in Österreich 1938, als er sich mit vielen prominenten Bürgern getroffen hatte, die von Hitler enteignet worden waren.

Dann traf ein neuer Reichskommissar, Josef Bürknel, ein. Er hatte sich in Österreich nach dem Anschluss als Kommissar einen Ruf als „effizienter und brutaler Alleinherrscher" erworben. Bürknel hatte Pläne für seinen hoch profilierten Gefängnisinsassen. Er überführte Schuman zu einem Hausarrest unter Polizeibeobachtung nach Neustadt im Rheinland. Sein Plan war, Schuman mit seinen vielen Gefolgsleuten in Lothringen als Unterstützer für das Nazi-Regime zu gewinnen. Diese Strategie hatte in Österreich oft funktioniert.

Der Reichskommissar suchte nach Schwächen und Erpressungspotential. Er versuchte, seinen Gefangenen einzuschüchtern, indem er drohte, ihn nach Dachau in das gefürchtete Konzentrationslager bei München zu schicken.

Zweifellos war Bürknel als enger Freund von SS-Chef Heinrich Himmler gut über die Politik der „Endlösung" zur Vernichtung der europäischen Juden informiert. In Österreich hatte Bürknel antisemitische Maßnahmen eingeführt, um jüdischen Reichtum in die Tresore der Nazis zu schleusen.

2. Festnahme und Flucht

Einige spekulierten darüber, dass Bürknel während dieser Verhörzeiten mit seiner absoluten Macht über die österreichischen Juden prahlte, und so versuchte, Schuman durch Preisgabe von Einzelheiten über den damaligen Genozid einzuschüchtern.

Bürknel wollte Schuman mit der Aussicht auf hohe Ämter ködern. Er bat seinen Gefangenen um einen Artikel zu irgendeinem Thema in deutscher Sprache. Allein schon die Veröffentlichung eines Artikels unter Schumans Namen würde der Nazi-Propaganda nützen. Er würde den Anschein einer Komplizenschaft mit diesem hochrangigen Lothringer erwecken.

Schuman seinerseits nutzte dieses Gespräch geschickt, um möglichst viel Information über die Entwicklung von Nazi-Deutschland zu sammeln. Um Schumans Kooperation zu gewinnen, erlaubte Bürknel seinem Gefangenen eingeschränkte Bewegungsfreiheit unter Bewachung.

Als ständig aufmerksamer Zuhörer sammelte Schuman alle Informationen, die er von der Stadtbevölkerung und Bibliotheken gewinnen konnte. Er traf sich im Geheimen mit Studenten und Professoren des Priesterseminars von Metz, sowie mit der Lothringer und deutschen Widerstandsbewegung. Dank seiner Ausbildung in Statistik an der Münchner Universität, konnte er sich ein Bild über die deutschen Kriegsverluste an der Ostfront und die sich verringernde Materialversorgung machen. Schon früh – im Jahr 1942 – schloss er daraus, dass der Sieg der Alliierten eine statistische Gewissheit war. Deutschland hatte schon 1,2 Millionen Soldaten verloren. Außerdem konnten mindestens drei oder vier Millionen wegen Verletzungen oder Krankheiten nicht mobilisiert werden. Die Niederlage war nur eine Frage der Zeit, dessen war sich Schuman sicher. Er wusste auch, dass der, auf dem ganzen Kontinent gegen die Juden geführte, Völkermord der freien Welt bekannt gemacht werden musste. Er musste einen Weg zur Flucht aus dem Hausarrest finden. Dies war kein leichtes Unterfangen. Bis zum unbesetzten Teil Frankreichs musste er hunderte Kilometer besetztes Gebiet durchqueren. Noch dazu war ein Kopfgeld auf ihn ausgesetzt.

Durch seine Untergrundverbindungen organisierte er sich falsche Ausweise auf den Namen Monsieur Cordonnier (französisch für Schuhmacher). Am 1. August 1942 nutzte er das Laissez-Faire der Wachen aus und entkam unbemerkt. Da er die Region gut kannte und dank vieler Freunde und Kontakte, fand er Unterschlupf in Abteien und Klöstern und reiste zu Fuß durch die Wälder Richtung unbesetztes Frankreich.

Wie er erwartet hatte, setzte sofort eine massive Fahndung nach ihm ein und verfolgte seine Spuren im Rheinland, durch Elsass und Lothringen und im besetzten Teil Frankreichs. Als Belohnung für seine Ergreifung waren 100 000 Reichsmark ausgesetzt.

Nach dreizehn Tagen, siebenhundert Kilometern und nachdem er mehrmals nur knapp entkommen war, überquerte „Cordonnier" sicher die Demarkationslinie bei Montmorillon, östlich von Poitiers und betrat den unbesetzten Teil Frankreichs.

Er beeilte sich nach Ligugé, südlich von Poitiers zu kommen, um den Abt von St. Martins, Dom Basset, zu treffen und ihm die schockierende Nachricht von der systematischen Vernichtung der Juden zu überbringen.

Dom Basset zeichnete seinerseits das Gespräch wie folgt auf:

„Es gibt keine Juden mehr in der Ukraine. Männer, Frauen und Kinder wurden getrennt und abgeführt. Männer und Frauen wurden in Konzentrationslager transportiert. Oftmals werden sie mit kaum Wasser und ohne Essen verschickt. Man lässt sie vor Hunger und Kälte sterben. Oft müssen sie große Gräben ausheben und werden dann davorstehend erschossen. Sie werden mit Benzin verbrannt und dann mit Kalk und Erde zugeschüttet. Vor allem die polnischen Juden werden häufig mit solch radikalen Methoden vernichtet. Beim Transport werden Väter, Mütter und Kinder getrennt. Wenn die deutschen Juden wegtransportiert werden, werden sie als Familien umgesiedelt. Dasselbe gilt für diejenigen aus Elsass-Lothringen. Aber sie dürfen praktisch nichts mitnehmen, verlassen ihr Land und leiden unter sehr schwierigen Bedingungen."[21]

---

[21] Notizen von Dom Abbot, aus „Robert Schuman's Warning on Nazi Destruction of the Jews", siehe Bibliographie.

2. Festnahme und Flucht

Wahrscheinlich war Basset die erste Person in der freien Welt, die Nachrichten über den Holocaust aus einer vertrauenswürdigen Quelle hörte. Wir können annehmen, dass Schuman einige seiner Informationen direkt von hohen Nazigrößen erfahren hatte.

Schuman siedelte nach Vichy um. Er fühlte sich verpflichtet, Pétain mitzuteilen, was er wusste, unabhängig davon, ob dieser zuhören würde oder nicht. Pétain wollte Schuman immer in seiner Regierung haben und Schuman hatte immer abgelehnt. Würde Pétain bereit sein, ihm dieses Mal zuzuhören? Selbst wenn er das alles nicht wahrhaben wollte, so müssten doch die, nach dem Umzug südlich von Paris in Vichy errichteten, Botschaften der Alliierten es hören.

Es brauchte Schumans ganze Überzeugungskunst, um in die inneren Kreise vorzudringen, die Pétain beschützten. Er konnte ihn schließlich, während eines Essens, für ein paar Minuten abfangen und ihm von der Vernichtung der Juden berichten.

Pétains Gesichtszüge blieben unbeweglich und unbeeindruckt. Der Marshall hatte ja als erste Verordnung selbst den Ausschluss der Juden aus der Regierung angeordnet und ihnen die Ausübung der freien Arzt- und Anwaltsberufe verboten.

In der Öffentlichkeit sorgte Schumans Flucht für großes Aufsehen, besonders unter den Flüchtlingen aus Elsass-Lothringen. An Schumans öffentlichen Ansprachen nahmen bis zu 1500 Menschen teil. Er verbreitete Neuigkeiten die „gravierend, voll von Hoffnung, tiefgründig und geistlich" waren. Seine Botschaft, dass der Sieg der Alliierten nur eine Frage der Zeit sein würde, stärkte die Moral gewaltig. Den aufmerksam zuhörenden Mengen in Lyon und andern Städten sagte er, dass Deutschland den Krieg gewiss verlieren würde. Seine Zuhörer erfuhren, wie seine Inhaftierung es ihm ermöglicht hatte, über Deutschlands gewaltige Verluste an der Ostfront spezifische Zahlen und Details herauszufinden. Der Krieg war nicht länger zu halten. Früher oder später würde Deutschland kapitulieren müssen.

Er beschrieb, wie die Nazis das deutsche Volk und auch andere Völker versklavten. Dennoch zeigen Aufzeichnungen dieser Treffen nicht, wie viel Schuman, wenn überhaupt, über die Ausrottung der Juden öffentlich sagte.

Er traf sich mit vielen alten Kollegen und vertrauenswürdigen Freunden, und höchst wahrscheinlich wird er ihnen mitgeteilt haben, was er Dom Basset, einem so gut wie Fremden, erzählt hatte.

Schumans Flucht war keinen Tag zu früh gewesen. Die vergleichsweise große Freiheit des Vichy-Gebietes war kurzlebig. Innerhalb weniger Wochen drangen die Deutschen auch in den unbesetzten Rest Frankreichs ein. Jetzt hatte die SS die Möglichkeit, noch intensiver nach ihm zu suchen.

De Gaulle (ein weiterer Untersekretär in der Regierung Reynauds) lud Schuman ein, der Exilregierung in London beizutreten. Stattdessen entschied sich Schuman in Frankreich zu bleiben, versteckt in einem Waisenhaus der La Providence de Beaupont in Bourg.

Dadurch, dass er gezwungen war, sich vom öffentlichen Leben zurück zu ziehen, bot sich ihm erneut Gelegenheit, über den Wiederaufbau von Europa nach dem erwarteten Ende nachzusinnen, zu forschen und zu planen.[22]

---

[22] Nach dem Krieg wurde Pétain des Betrugs angeklagt, überführt und zur Todesstrafe durch Erschießen verurteilt. De Gaulle wandelte dieses Urteil angesichts Pétains ehrenhaften Dienstes im ersten Weltkrieg in lebenslänglich um. Pétain behauptete, er hätte Frankreichs letztendliches Überleben und Hitlers Niederlage durch die Aufrichtung der Vichy-Regierung gesichert und somit seinen Zugang zu Afrika erschwert (Keyserlingk, S. 4).

3. Gott und der Kaiser

Schuman wusste nicht, dass andere ebenfalls Zeit im Verborgenen, im Exil oder Internierungslager zum Nachdenken, Studieren, Träumen und Vorbereiten auf die Nachkriegszeit nutzten.
Konrad Adenauer wurde schon 1933 von Hitler als Oberbürgermeister von Köln abgesetzt, weil er sich weigerte, die Naziflagge zu hissen. Ein Jahr lang fand er Unterschlupf in der Abtei Maria Laach, die auch Schuman kannte. Adenauer verbrachte die Zeit im Versteck mit erneutem Lesen und Studieren der gleichen päpstlichen Enzykliken, die Schumans soziales Denken stark geprägt hatten.
Als Kriegsgefangener in Amerika studierte Walter Hallstein, ein deutscher Protestant, den amerikanischen Föderalismus. Er sollte später der erste Präsident der Europäischen Wirtschaftsgemeinschaft (EWG) werden.[23]
Andere dienten in Exilregierungen für Belgien, Holland, Frankreich und Polen, die ihre Zentralen in London hatten. Sie rangen um neue Möglichkeiten, die für die Zukunft praktikabel sein könnten. Ausnahmslos ging es um Kompromisse zwischen nationaler Souveränität und internationaler Kooperation.
Schuman hatte viel Zeit, die, über die Jahrhunderte hindurch vorgeschlagenen, Pläne und Visionen für Europa systematisch durchzugehen und zu sortieren. Er forschte nach Gründen, weswegen Entwicklungen falsch gelaufen waren und versuchte, christliche Lehre und Prinzipien anzuwenden, um damit konkrete Lösungen zu erzielen.
William Penn hatte beispielsweise im siebzehnten Jahrhundert ein europäisches Arrangement (Concert of Europe) vorgeschlagen, und sogar einen ovalen Versammlungsraum entworfen, der keinen Stuhl für den Vorsitzenden vorsah. Auch bestand er darauf, dass die Türkei einen Sitz an der Tischrunde hätte. Der Abt

---

[23] Von 1958–1967; er genoss den gleichen Einfluss wie später Jacques Delors (1985–1994).

von Saint Pierre und Immanuel Kant im achtzehnten Jahrhundert sowie weitere Visionäre im neunzehnten Jahrhundert hatten den Nationen Europas verschiedene Formen politischer Bündnisse vorgeschlagen.

Lord Acton lehrte, dass Föderalismus Minderheiten schützen und vor herrischen Nationen verteidigen sollte, wobei die „uneingeschränkte Erweiterung" auf europäischer und weltweiter Ebene ermöglicht werden sollte. Sein Zeitgenosse in Cambridge, Professor Sidgwick sah einen europäischen Föderalismus als „die wahrscheinlichste Vorhersage" an.

Albert Einstein unterstützte zur Zeit des Ersten Weltkrieges die Idee einer supranationalen europäischen Union. Von Graf Richard Coudenhove-Kalergi, dem Autor von *Paneuropa*, wurde in den 1920er-Jahren eine Pan-Europäische Union postuliert. Aristide Briand, der zur Zeit des Völkerbunds Außenminister vor Schuman war, hatte ebenfalls „eine Art föderaler Verbindung" zwischen den europäischen Staaten vorgeschlagen.

Doch keiner dieser Vorschläge hatte jemals konkrete Formen angenommen.

1930 schrieb Winston Churchill in der *Saturday Evening Post* über „Vereinigte Staaten von Europa", worin sich die europäischen Bürger zwar als Franzosen, Holländer, Deutsche und Spanier bezeichnen würden, aber gleichzeitig Europäer und Weltbürger sein könnten.

Später, sogar als Deutschland im Juni 1940 in Frankreich einmarschierte, saß Premierminister Churchill einem bemerkenswerten Kabinett vor, das einen Plan für eine „unauflösliche" politische Union mit Frankreich in Betracht zog. Zwei Nationen würden eins werden: Ein einziges Kriegskabinett würde alle Streitkräfte überwachen und die Bürger würden beide Nationalitäten haben. Eine treibende Kraft hinter diesem Plan war Jean Monnet, der bei Ausbruch des Krieges von den Premierministern beider Länder, Großbritannien und Frankreich, bestellt wurde, um den Kauf internationaler Waffen zu koordinieren.

In seinem typischen Stil rundete Premierminister Churchill die Ausführungen zu dem Vorschlag mit einem zuversichtlichen „Und so werden wir siegen!" ab, worauf ihm ein einstimmiges „Hört, Hört!" entgegen schallte.

3. Gott und der Kaiser

Einer der prominentesten britischen Unterstützer einer föderalen Union war der Historiker Arnold Toynbee. Seine geschichtlichen Studien ließen ihn zu dem Schluss kommen, dass Großbritannien sich innerhalb Europas verbünden sollte.[24] Er argumentierte, dass „der Geist des Nationalismus ein saures Ferment des neuen Weins der Demokratie in den alten Schläuchen der Stammeskonflikte" sei. Im anbrechenden neuen Zeitalter würden existierende Nationen als „eingeschränkt und untergeordnet" gesehen werden.

Vielleicht überrascht es den modernen Leser, dass der *Manchester Guardian,* die *Times* und *New Statesman* nur einige der Tageszeitungen waren, die eine Bündnisunion mit Frankreich unterstützten, dazu kamen öffentlich bekannte Persönlichkeiten wie der Wissenschaftler Julian Huxley und Erzbischof William Temple. Sogar der Erznationalist de Gaulle bot seine Unterstützung für diesen Plan an, obgleich nicht aus föderalistischen Motiven.

Aber es war zu spät. Während Premierminister Reynaud Churchills Angebot annehmen wollte, wählte sein Kabinett die Kapitulation. Reynaud trat zurück und Pétain kam an die Macht.

Oh, Pétain! Wie sehr hätte er sich gewünscht, dass Schuman mit seinem Ruf der Vertrauenswürdigkeit und Ehrlichkeit seinem Kabinett Anerkennung verliehen hätte! Der Marschall hielt ihm immer einen Platz offen. Doch waren es eben diese Vertrauenswürdigkeit und Ehrlichkeit, die Schuman hinderten, mit einem Kollaborateur zusammen zu arbeiten.

Pétains Katholizismus war gegenüber anderen Überzeugungen reaktionär und intolerant. Schumans eigene Glaubenshingabe galt dem Gott und Vater aller Menschen, aller Rassen und aller Nationalitäten, dessen Sohn für alle gestorben war.

Hierin war die Grundlage für Toleranz und Gleichheit, die Pétain ablehnte. Das hatte grundlegende politische Auswirkungen. Ja, Schuman verstand den Unterschied der „Reiche" von Kirche und Staat. Es war nicht Rolle der Kirche, sich direkt in politische Themen und Prozesse des Staates einzubringen, wie das fälschlicherweise in der Vergangenheit so oft wiederholt wurde. „Das

---

[24] Toynbee, 1934–1961

Christentum ist kein politisches System und darf sich nicht darin integrieren; es darf nicht mit irgend einer Form von Regierungsausübung, egal wie demokratisch, identifiziert werden", schrieb er. „Wir müssen unterscheiden, was dem Kaiser und was Gott gehört."[25]

Trotzdem instruierte und motivierte Schumans Glauben alle seine politischen Aktionen. Beispielsweise schloss die *Lex Schuman* auf Grund des biblischen Prinzips der Gleichheit die Toleranz gegenüber unterschiedlichen Glaubensüberzeugungen ein. Wenn das Christentum lehrt, dass alle von Natur aus gleich sind und wir alle Kinder des gleichen Gottes sind „unabhängig von Rasse, Hautfarbe, sozialem Status oder Beruf"[26], sollten auch Staaten als gleichwertig behandelt werden. „Durch das universelle Gebot von Liebe und Barmherzigkeit wird jeder zu unserem Nächsten", fuhr er fort „und darauf basieren von jeher soziale Beziehungen in der christlichen Welt. Keine Rasse oder Nation kann eine bevorzugte Bedeutung in Gottes Augen für sich beanspruchen."[27]

Hierin lag also der Grund, warum Schuman sich bei de Gaulles Nationalismus nicht wohlfühlte und dessen Einladung, nach London zu gehen, ablehnte.

Die Wurzeln wahrer Demokratie – das Prinzip der Gleichheit, die Praxis der brüderlichen Liebe, persönliche Freiheit, Respekt für die Rechte des Individuums – all das kam nach Schumans Verständnis aus den Lehren Christi. Sein Argument war, dass Demokratie ihre Existenz dem Christentum verdankt. Die praktischen Anwendungen dieser Lehren hatten Europa durch die Jahrhunderte hindurch verändert und resultierten in freiheitlicher Demokratie.[28] Demokratie ist nicht aus dem Stehgreif entstanden; es hat tausend Jahre Christentum gebraucht, um Europa zu dem zu formen, was es heute ist.

---

[25] Schuman, 1963, S. 46
[26] Schuman, S. 44
[27] Auf dieselbe Grundlage bezog sich Schuman später, als er die Wichtigkeit der Staaten außerhalb Europas betonte, wie auch in seinem Bezug auf Afrika in der Schuman-Erklärung.
[28] Schuman, S. 43

3. Gott und der Kaiser 53

„Christliche Prinzipien sind die Grundzüge unserer Zivilisation geworden und die Rationalisten des siebzehnten Jahrhunderts schulden ihnen ihre Menschenrechte und Bürgerrechte", postulierte er: „Letztere sind im Wesentlichen christlich".

Um sein Verständnis von Demokratie zu erklären, zitierte Schuman Henri Bergson und Jacques Maritain[29], zwei zeitgenössische katholische Philosophen. Wie Bergson kam er zu dem Schluss, dass Demokratie „im Wesentlichen dem Evangelium gemäß" war, weil Liebe die treibende Kraft darin darstellt. „Demokratie wird entweder christlich sein oder es wird sie nicht mehr geben. Eine anti-christliche Demokratie wird eine Parodie sein, die entweder in Tyrannei oder Anarchie versinkt."[30]

Die simple Demokratie der Hellenistischen Zeit, die nur auf der wählenden Mehrheit basiert, würde in einer „Tyrannei der Mehrheit" enden. Wahre Demokratie erfordert Dienerschaft: den Menschen dienen und in Übereinstimmung mit den Menschen handeln. Die Ziele müssen mit Frieden beginnen und die Mittel müssen Taten des Friedens sein.

„Liebe deinen Nächsten wie dich selbst" war ein demokratisches Prinzip. Angewandt auf Nationen bedeutete es, bereit zu sein, benachbarte Völker zu lieben und ihnen zu dienen.

Für Schuman musste ein zukünftiges vereintes Europa natürlich beides sein, christlich und demokratisch. Die europäische Geschichte ist tief in der christlichen Geschichte verwurzelt. Von diesen Wurzeln abgeschnitten, würde Europa seine Grundlagen für Gleichheit, Menschenwürde, Toleranz und Mitleid verlieren.

Der Demokrat konnte nicht zulassen, dass der Staat gegen Religion ist oder sie ignoriert; denn der Staat kann nicht ignorieren, dass religiöse Inspiration außergewöhnlich effektiv ist, sowohl bei der Ausübung bürgerlicher Pflicht als auch zum Schutz gegen Kräfte des sozialen Verfalls, die überall am Werk sind.

Mehr als tausend Jahre bevor die Aufklärung die klassischen griechisch-römischen Traditionen wiederbelebte, hatten Christi

---

[29] Maritain war ein bekannter Verfasser der Universellen Menschenrechtserklärung und Berater Papst Paul VI.
[30] Schuman, S. 51

Lehren verschiedene Stämme Europas: Griechen, Römer, Kelten, Germanen, Slawen, Magyaren und Skandinavier, sowie viele andere tief beeinflusst. Verschiedene Kulturen wurden zu einem gemeinsamen, wenn auch unvollkommenen, christlichen Ganzen verwoben.

Offensichtlich haben Stolz, Selbstsucht und Gier ganze Kapitel dieser Geschichte, die oft als „das finstere Mittelalter" abgetan wird, entstellt. Tatsächlich waren dies jedoch auch Jahrhunderte, in denen, in Form klösterlicher Bewegungen, wie die der irischen Mönche oder der Benediktiner viele Lichter zu leuchten begannen, die über ganz Europa ausstrahlten. Sie schufen Gemeinschaften, die zu den Bausteinen für die vorwärtsdrängende Zivilisation wurden. In einigen dieser Gemeinschaften hatte Schuman auf seiner Flucht in die Freiheit Unterschlupf gefunden.

Aus diesen Klöstern, angeleitet von gelehrten Mönchen, erwuchsen die großen europäischen Universitäten und andere Zentren der Wissenschaft.

Kunst und Musik, Politik und Rechtswesen, Sprache und Literatur, Gastfreundschaft und medizinische Versorgung, Architektur und Landwirtschaft, Schulen und Erziehungsanstalten wurden alle über die Jahrhunderte hinweg direkt und indirekt von den Lehren Christi und der Bibel geprägt.

Allerdings brachte die Neuzeit eines industrialisierten Europas neue Herausforderungen für die Rolle der Kirche mit sich. Einfache christliche Fürsorge reichte nicht mehr aus, um den systembedingten Ungleichheiten zu begegnen, die von den neuen sozialen und wirtschaftlichen Kräften ausgingen, die Arbeiter gegen Eigentümer und Klasse gegen Klasse gegeneinander in Stellung brachten.

Diese Herausforderungen sprach Papst Leo 1891 in seiner entscheidenden Enzyklika *Rerum Novarum* an, indem er zu einer neuen Solidarität in der Gesellschaft aufrief, die auf Gottes Liebe zur ganzen Menschheit basierte.

Die Kirche sollte den Menschen helfen, mit den neuen gesellschaftlichen Spannungen umzugehen. Weder der, den Klassenkampf betonende, Sozialismus, noch der, auf den Individualismus ausgerichtete, Liberalismus waren die Antwort. Versöhnung und Solidarität waren das, was wirklich von Nöten war.

3. Gott und der Kaiser

Der Staat hatte die Verantwortung, zum gemeinsamen Wohl zu regieren, so lehrte es die Enzyklika, und er sollte die verschiedenen Gemeinschaften innerhalb der Gesellschaft unter dem Prinzip der *Subsidiarität* respektieren.

Dementsprechend sollten Entscheidungen so lokal wie möglich getroffen werden und den kleinen Gemeinschaften und Gruppierungen, die die Gesellschaft ausmachen, so viel Autonomie wie möglich erlauben. Mit anderen Worten: „So viel Regierung wie nötig, so wenig Regierung wie möglich".

Aus Schumans Sicht waren Solidarität, Subsidiarität und Gleichheit Werte, die auf den Lehren Christi basierten. Angewandt auf die Gemeinschaft von Völkern bedeuteten diese christlichen Gebote Vergebung und Versöhnung – sogar mit denen, die derzeit als der Feind angesehen werden.

Er glaubte, dass dies der Weg nach vorne für das Nachkriegseuropa sein sollte. Es würde nötig sein, auf allen Ebenen, lokal, national und europäisch, neue politische und wirtschaftliche Strukturen, gemäß dem demokratischen Prinzip „liebe deinen Nächsten", zu schaffen und diese auf Völker und Staaten anzuwenden.

Die Gräueltaten, die an den Juden verübt worden waren und von denen er erfahren hatte, gingen weiter, während Schuman die Kriegswirren durchstand. Solche Schreckenstaten mussten durch internationale Garantien für Menschenrechte unmöglich gemacht werden. Diese Rechte, verwurzelt in der biblischen Lehre von *Imago Die*, die besagt, dass jede Person nach dem Bild des Schöpfers geschaffen ist – schlossen das Recht auf jene Dinge ein, die ein Mensch zu einem angemessenen Leben braucht: Nahrung, Unterkunft, Kleidung, Ausbildung und Beziehungen. Die Notwendigkeit die Menschenrechte zu garantieren, wurzelte auch hier in dem Gebot, seinen Nächsten zu lieben.

Schuman wusste, dass die stille Zeit der Abgeschiedenheit, des Studiums, der Reflexion und der Vorbereitung bald in entscheidende Zeiten übergehen würde, die dringendes Handeln erforderten, um einem verzweifelten Europa eine neue Ausrichtung zu geben.

Nachrichten von der *D-Day*-Landung im Juni 1944 sickerten endlich durch. Die Hoffnung wuchs, dass die Befreiung bald kommen würde.

Eines Tages im August kehrten Kinder des Waisenhauses von einem Spaziergang zurück und erzählten aufgeregt, dass sie amerikanische Soldaten gesehen hätten. Niemand glaubte ihnen, bis sie Kaugummis, Schokolade und sogar Dosenmilch und Corned Beef aus ihren Taschen zogen!

Am nächsten Tag strömten die Bewohner von Bourg auf die Straßen und jubelten ihren Befreiern zu. Schuman tauchte aus der Abgeschiedenheit seines kleinen Zimmers am Ende des Korridors auf, um an der Freude dieses Augenblicks teil zu haben.

Alliierte Truppen zogen am 19. August in Paris ein. Schuman wusste, dass es nur eine Frage der Zeit war, bis Berlin fallen und das Dritte Reich damit zerschlagen sein würde.

Als er gebeten wurde, die Regierung nach Befreiung in den Belangen Lothringens zu beraten, machte er sich sofort auf den Weg nach Paris. Er entdeckte schnell, dass er auf ranghöchster Ebene Feinde hatte. Als der Kriegsminister bemerkte, dass Schuman als Regierungsangestellter aufgelistet war, befahl er augenblicklich „dieses Produkt von Vichy" abzusetzen.

Dennoch ermutigten ihn andere Regierungsbeauftragte, in die Moselle-Region zurückzukehren, stellten ihm einen Jeep zur Verfügung und gaben ihm zum Schutz einen Heeresoffizier mit. Da die Stadt Metz noch immer unter deutscher Kontrolle war, musste er einen Wohnort in einer Nachbarstadt ausfindig machen.

Nach einigen Tagen wurde ihm von Paris aus mit einer Gerichtsvorladung und der Androhung von Verhaftung sowie dem Vorwurf der Kollaboration mit dem Feind wegen seines Aufenthaltes in Deutschland während des Krieges nachgestellt.

Freunde rieten ihm, die Gerichtsvorladung zu ignorieren und warnten ihn vor Säuberungsaktionen, die die Kommunisten und Nationalisten als persönliche und politische Racheakte durchführten.

Zur gleichen Zeit wurde Metz befreit. Schuman wurde sofort zum Befreiungskomitee berufen und begann, für die Wiederherstellung des zusammengebrochenen Lebens der Stadt zu arbeiten.

3. Gott und der Kaiser

Sein Ruf in seinem Heimatdistrikt blieb von den Gerüchten aus Paris unbeschadet, und er gewann ohne Probleme einen Sitz in der neu konstituierten Nationalversammlung. Etwas später wurde Robert Schuman als Finanzminister des ersten Nachkriegskabinetts ausgerufen – sicher zum Verdruss seiner Ankläger.

Dies war der Beginn einer herausragenden Karriere, die sich im Laufe des folgenden Jahrzehnts in einer Serie von französischen Kabinetten abzeichnete. Schuman war erfolgreich als Finanzminister, Außenminister und Justizminister. Ein Jahr und zwei Regierungen später wurde Robert Schuman zum Premierminister berufen und hatte dieses Amt während der Tumult reichen Jahre 1947–1948 inne.

Eine kurze Zeit lang war er gleichzeitig Außenminister, ehe er das Büro des Premiers verließ, um sich ganz der Aufgabe widmen zu können, die ihm am meisten am Herzen lag.

Durch die verschiedenen Ämter, die er bekleidete, konnte er das einleiten, was er als eine neue Ära betrachtete: Eine Zeit, in der europäische Völker sich dafür verantwortlich fühlten, die wichtigsten Menschenrechte aufrecht zu erhalten. Es würde einem „staatlichen Gangsterwesen" nicht mehr möglich sein, solche Gräueltaten wie Dachau und Auschwitz und die Verfolgung von Minderheiten zu wiederholen. Er schlug vor, einen Europarat einzurichten, dem sich gemeinsam dem supranationalem Recht zur Einhaltung der Menschenrechte zu unterstellen. Diese Rechte wurden in der mittlerweile so genannten Europäischen Menschenrechts-Konvention ausgeführt.[31] Ein neues Europa würde durch die Grenzen der Länder definiert sein, die diesen Rat bildeten.

Am 5. Mai 1949 traf sich Schuman mit den Oberhäuptern von zehn europäischen Ländern im St. James Palace in London, um die Satzungen des Europarates zu unterzeichnen.[32]

---

[31] siehe Anhang III
[32] Gründungsmitglieder waren Belgien, Dänemark, Frankreich, Irland, Italien, Luxemburg, die Niederlande, Norwegen, Schweden und Großbritannien.

Schon während er als Vertreter Frankreichs unterschrieb, war ihm klar, dass – so notwendig der Rat war, um die Menschenrechte zu schützen – weitere Maßnahmen erforderlich sein würden. Auf der Pressekonferenz in London sprach er von der Notwendigkeit einer supranationalen Vereinigung oder Union der Demokratien, um „Krieg unmöglich zu machen". Die zurückliegenden blutigen Jahrhunderte mit dem tödlichen Resultat von Nationalismus und Rivalitäten hatten den Planeten nahe genug an den Rand des Selbstmordes getrieben. Damit musste nun, zugunsten einer auf Frieden ausgerichteten neuen Ära der supranationalen Zusammenschlüsse der Demokratien, ein Ende sein.

Er glaubte, dass dies sowohl geistliches und geistiges als auch politisches Wachstum fördern würde. Es würde ein großes „europäisches Experiment" beinhalten, das in dem demokratischen Prinzip „liebe deinen Nächsten, wie dich selbst" wurzelt und auf Völker und Nationen angewendet werden würde.

Elf Tage später kehrte Schuman in seiner Ansprache in Straßburg zum Thema einer „supranationalen Vereinigung" zurück. Er sprach von einem großen Experiment, einem Traum, der zehn Jahrhunderte lang die Völker Europas begleitet hätte. Der Traum von der Entstehung einer Organisation, die Krieg beenden und Frieden garantieren würde.

Er sagte, dass die Römische Kirche im Mittelalter versagt hätte, ebenso wie die Versuche der Deutschen Kaiser und schließlich „die unakzeptablen Anmaßungen eines *Führertums*, dessen ‚Charme' wir alle erfahren haben". Schuman fuhr fort:

> „Der europäische Geist zeichnet sich dadurch aus, dass er sich der Zugehörigkeit zu einer kulturellen Familie bewusst und gewillt ist, dieser Gemeinschaft im Geist völliger Gegenseitigkeit zu dienen, ohne verborgene Motive von Vormachtstellung oder selbstsüchtiger Ausbeutung anderer. Das 19. Jahrhundert hatte erlebt, wie feudalen Ideen Widerstand geleistet wurde und wie sich mit dem Aufkommen eines nationalen Denkens Nationalitäten selbst behaupteten.
>
> Unser Jahrhundert, das Zeuge der Katastrophen geworden ist, die zu dem nicht endenden Zusammenprall von Nationa-

3. Gott und der Kaiser

litäten und Nationalismen führten, muss erfolgreich danach streben, die Nationen in einer supranationalen Vereinigung zu versöhnen. Eine solche würde die Unterschiedlichkeiten und Ansprüche einer jeden Nation garantieren, indem sie auf die gleiche Weise koordiniert werden würde, wie die Regionen innerhalb der Einheit einer Nation koordiniert werden."

Je mehr er dieses Thema vorantrieb, desto mehr spürte Schuman, ungeachtet aller Fortschritte in den kurzen Jahren nach Kriegsende, eine wachsende innere Frustration auf dem Weg zu den Zielen, die ihm während der Zeit seiner Abschottung wichtig geworden waren.

In sich selbst war der Europarat ein wesentlicher Schritt in Richtung des Schutzes der Menschenrechte. Schuman hatte im Vormonat Frankreich in Washington vertreten und den Nordatlantik-Pakt unterschrieben. Er war Zeuge der Geburt des militärischen Bündnisses, das wohl bis ins nächste Jahrhundert hinein dem Westen Stabilität bringen würde. Der Marshallplan war schon ein Jahr lang im Gange und half den europäischen Ländern, ihre Wirtschaft und Industrie zu modernisieren, Handelsbarrieren abzubauen und Hoffnung und Selbstständigkeit zu fördern.

Ja, dies waren alles wesentliche Faktoren für den Wiederaufbau eines verbrauchten und ausgebrannten Europas.

Und doch spürte Schuman, dass zwei Dinge immer noch fehlten.

Zum einen fehlten die politische Willenskraft und der Rahmen für eine „supranationale Vereinigung". Während es für Schuman klar war, welche Schritte zum Bau eines neuen Europas unternommen werden sollten, waren andere nicht so überzeugt, am wenigsten sein eigener Nachfolger, Premierminister Georges Bidault. Schuman erfuhr von seiner eigenen Regierung wenig Unterstützung für die vor ihm liegende Aufgabe.

Der zweite Grund lag in der persönlichen Willenskraft für tiefe, innere Veränderung von innen nach außen. Er wusste, dass alle wirtschaftliche und militärische Hilfe Amerikas, die Franzosen und die Deutschen oder die Europäer im Allgemeinen, nicht zwingen konnte, „ihre Nächsten zu lieben, wie sich selbst".

4. Apostel der Versöhnung

Noch während seiner Amtszeit als Premierminister hatte Schuman in einem Gespräch auf einer Zugfahrt im Frühjahr 1948 Berichte von starker, innerer Veränderung gehört. Ein Industrieller aus Lille in Nordfrankreich, Louis Boucquey, hatte ihm von einer bemerkenswerten Umkehr des Sekretärs einer Arbeitgebervereinigung erzählt. Diese Umkehr hatte stattgefunden, nachdem er an einer Konferenz ein Jahr zuvor in einem schweizerischen Bergdorf namens Caux teilgenommen hatte.

Als die Spannungen zwischen Regierung, Gewerkschaftsführern, Bergleuten und Fabrikarbeitern drohten, in einen Bürgerkrieg überzukochen, trafen sich mehrere hundert Leiter von Bergbau- und Textilfabriken an der Küste bei Calais. Boucquey erzählte Schuman, dass der Geist von Caux in diesem Treffen die Oberhand gewann und zu einem neuen Klima des Vertrauens, der Versöhnung und der Zusammenarbeit führte.

Schuman bat den Industriellen, ihm mehr über diese in Caux durchgeführten Konferenzen zu erzählen. Er wollte mehr über die dahinter stehende, weltweite Bewegung „Moralische Aufrüstung" (Moral Re-Armament, MRA) wissen, die von einem amerikanischen lutherischen Evangelisten namens Frank Buchman initiiert wurde.[33]

Es war schon beinahe ein ganzes Jahr vergangen, als Boucquey im März 1949 Schuman zu einem privaten Essen mit zwei engen Kollegen Buchmans in sein Haus in einem Vorort von Paris einlud. Schuman war mittlerweile Außenminister und bereitete sich darauf vor, nach Washington zu reisen, um dort im folgenden Monat den Nordatlantischen Pakt zu unterschreiben.

Einer der geladenen Gäste, ein Schweizer Diplomat namens Philippe Mottu, war eine der treibenden Kräfte hinter der Geschichte von Caux. Er war in der Lage, aus erster Hand die Um-

---
[33] Dieses Kapitel bezieht sich weitgehend auf Lean, 1985, S. 375–384, und Mottu, 1970

wandlung eines bekannten Hotels in ein Versöhnungszentrum der Nationen kurz nach dem Krieg zu beschreiben.

Hoch über Montreux bot Caux Palace eine herrliche Aussicht über das östliche Ende des Genfer Sees in Richtung französische Alpen. Als es 1902 erbaut wurde, war es das größte und prestigeträchtigste Hotel der Schweiz. Es wurde 1946 von fünfzig christlichen Familien aus der Schweiz gekauft, die alle mit der MRA verbunden waren. Unter großer Opferbereitschaft gaben die Familien Juwelen, Lebensversicherungspolicen, Urlaubsgelder und selbst Häuser auf, um das, damals heruntergekommene, Asyl für Kriegsflüchtlinge zu erwerben. Der Palace wurde in *Mountain House* umbenannt und wurde bald ein Zufluchtsort zur Heilung der Vergangenheit und zum Schmieden der Zukunft.

Schon Jahrzehnte vor dem Krieg hatte Frank Buchman davon gepredigt, sich Gottes Willen unterzuordnen, egal ob Einzelpersonen, Familien, Könige, Präsidenten oder sogar Nationen. Nach den turbulenten Kriegsjahren richteten Buchman und die Mitglieder von MRA ihre Aufmerksamkeit auf die Aufgabe, die Welt nach dem Krieg durch Vergebung und Versöhnung wieder aufzubauen.

Als Buchman im Sommer 1946 das *Mountain House* besuchte, wurde er in der höhlenartigen Empfangshalle von einer begeisterten Delegation junger Ehrenamtlicher aus ganz Europa empfangen. Einige trugen ihre nationalen Trachten. Buchman schaute herum auf all die Gesichter und Trachtenkleider und fragte dann mit lauter Stimme: „Wo sind die Deutschen?"

Eine plötzliche Stille legte sich auf alle. Ein ganzes Jahr war vergangen, seit die Feindseligkeiten aufgehört hatten und doch schockierte Buchmans Frage viele der Anwesenden.

„Einige von euch sind der Ansicht, dass Deutschland sich verändern muss und das ist richtig. Aber ihr werdet Europa nie wiederaufbauen können ohne die Deutschen!", warnte Buchman mit Nachdruck.

Buchman war wie Schuman davon überzeugt, dass gottlose Kräfte der Anarchie oder des Kommunismus das Nachkriegsvakuum füllen würden, wenn man Deutschland nicht mit christlicher Vergebung und Versöhnung herzlich begegnen würde.

Zweifellos berichtete Mottu während des Essens, wie 1947 Verantwortliche der Alliierten ersten deutschen Bürgern in Leitungsverantwortung eine besondere Reisebewilligung erteilten, damit sie in Caux eine Anzahl von Partnern der Gegenseite aus Europa und anderen Kontinenten begegnen konnten. Später sollten es Tausende werden, die sich so trafen. Die von Buchman und seinen Kollegen gelehrte Botschaft der Vergebung und Versöhnung bewegte sie tief.

Bei der letzten Sommerveranstaltung 1948 wurde Caux von 450 Deutschen besucht, unter ihnen Konrad Adenauer.[34] Der zukünftige Kanzler erkannte sofort die Kraft und Aktualität dieser Botschaft für sein eigenes Volk. Er lud MRA-Teams ein, ihre Botschaft der Versöhnung durch Musikdarbietungen weiterzugeben und arrangierte für Buchman eine ganze Anzahl öffentlicher Auftritte.

Schuman hätte diesen Berichten gerne noch länger gelauscht: Offensichtlich war hier eine Botschaft, die die innere Veränderungen bewirkte, die er so lange ersehnt hatte. Aber die anderen Gäste waren ebenso daran interessiert, die Ansicht des Ministers über die Fortschritte des Nordatlantik-Paktes zu hören. Wie wirkungsvoll würde der Pakt wirklich sein?

Schuman sprach offen und ehrlich. Wenn der Pakt nur den politischen und militärischen Bereich beeinflussen könnte, würde er sich als mangelhaft erweisen. Eine Bombe allein war nicht ausreichend. Eine innere Veränderung im Lebensstil des Westens war von Nöten.

Er sagte beim Essen zu den anderen Gästen: „Wir müssen dem Leben der Millionen Menschen in Europa frischen weltanschaulichen Inhalt verleihen!" Er fügte hinzu: „Wir alle müssen zu einer tiefen inneren Veränderung finden, um für unsere größten Probleme die Lösungen entwickeln zu können."

---

[34] Insgesamt 3113 Deutsche nahmen von 1946–1950 an den Treffen in Caux teil; darunter 83 Regierungsmitglieder, 400 Gewerkschaftsvertreter, 210 Industrielle, 14 Geistliche (einschließlich Bischöfen und Theologen), 160 Medienvertreter, 35 Pädagogen (einschließlich Universitätsrektoren und Professoren) und 11 Mitglieder der Familie Adenauer.

4. Apostel der Versöhnung 63

Boucquey erkannte, wie sehr Schumans Sprache der von Dr. Buchman in dessen vielen Reden glich, die in einem Buch namens *Remaking the world*, gesammelt worden waren. Boucquey ergriff die Gelegenheit und bat seinen Gast, ein Vorwort für die französische Ausgabe von Buchmans Buch zu schreiben. Schuman stimmte zu, obwohl er erst Anfang des nächsten Jahres dazu kommen würde, es zu schreiben.

Als Buchman später von diesem Gespräch erfuhr, schrieb er Schuman und lud ihn ein, Caux im Sommer zu besuchen, möglichst zur gleichen Zeit wie Konrad Adenauer. Beide Männer waren gewillt, der Einladung nachzukommen.

Es zeigte sich, dass politische Verpflichtungen sie hinderten, einander in jenem Sommer 1949 in Caux zu treffen.

Tatsächlich erwies sich der Sommer für Schuman durch fruchtlose Treffen in Paris rund um die deutsche Wiedervereinigung als entmutigend und frustrierend. Nationalistische und traditionelle Perspektiven vereitelten alle seine Bemühungen, seine französischen Kollegen für die Idee eines vereinten Europas zu begeistern.

Ein ziemlich entmutigter Schuman nahm die erneute Einladung von Louis Boucquey dankbar an. Er sollte dieses Mal Frank Buchman bei einem Essen im Herbst treffen.

Als die Gäste mit ihrer Mahlzeit begannen, erklärte Boucquey, welche Ehre es für ihn sei, diese beiden Männer bei sich am Tisch zu haben. Darauf erwiderte Schuman: „Wenn ich der Menschheit irgendetwas Gutes getan habe, muss ich auch zugeben, dass viele meiner Bemühungen zerstört und enttäuscht wurden. Aber Dr. Buchman hat seine Bemühungen auf einen einzigen Bereich des menschlichen Lebens – auf den wichtigsten – konzentriert und erlebt die Freude, dass sich diese erfolgreich über die ganze Welt ausbreiten. Staatsmänner können weitreichende Pläne vorschlagen, aber ohne weitreichende Veränderung der Herzen der Menschen können sie diese nicht umsetzen." Er wandte sich an Buchman und fuhr fort: „Dies ist ihre Arbeit und es ist die Art von Arbeit, die ich am liebsten für den Rest meines Lebens tun würde".

Im weiteren Verlauf des Tischgespräches verspürte Schuman ein wachsendes Vertrauen zu dem Evangelisten. Er wandte sich an Buchman und bat ihn um Rat in einer besonderen Sache.

Vor Jahren, so erklärte er, wäre er gerne aus der Politik ausgeschieden und wollte über die Lektionen seines Lebens schreiben. Er kenne ein stilles Kloster mit einer Bibliothek, wo er willkommen wäre. „Dort könnte ich am besten arbeiten. Was soll ich tun?" Buchman hielt kurz inne, schaute dem Franzosen in die Augen und fragte: „Monsieur Schuman, was denken sie in ihrem Herzen, was sie tun sollten?" In diesem Moment warf Schuman seine Arme in die Höhe, lehnte sich in seinem Stuhl zurück und lachte. „Natürlich weiß ich, dass ich bleiben muss, wo ich bin!"

Dann wurde er wieder ernst. Er bekannte, tief in seinem Herzen zu wissen, was er zu tun hätte. Aber er hätte Angst.

Er erzählte von seinen Jugendjahren, wie er aufgewachsen war an den Grenzen zwischen Luxemburg, Deutschland und Lothringen. Er kannte die Mentalität sowohl der Franzosen als auch der Deutschen und er kannte ihre Probleme. Er wusste, dass er eine Hauptrolle spielen sollte, um den Hass zwischen den beiden Nationen zu beenden. „Aber ich schrecke davor zurück", gab er zu.

Ruhig sagte ihm Buchman, dass er bleiben solle, wo er war: „Dies ist ihr Platz, der Platz, an den Gott sie gestellt hat."

Schuman fuhr fort: „Ich weiß nicht, wem ich in dem neuen Deutschland vertrauen kann", und ergänzte, dass er sich erst kürzlich mit Adenauer getroffen hätte. Dieser war einen Monat zuvor der Kanzler der neu gegründeten Bundesrepublik Deutschland geworden.

Buchman versprach, ihm eine Liste mit einem Dutzend Namen zu geben: „Wir haben einige exzellente Männer in Caux!"

In den nächsten Wochen war für Schuman ein offizieller Besuch in Deutschland geplant. „Ich werde sie aufsuchen", versicherte er Buchman.

Der Bonner Hauptbahnhof war winterlich und beinahe menschenleer, als der Zug am 13. Januar 1950 einfuhr. Das Begrüßungskomitee bestand aus einer einzigen, einsamen Person. Es war Konrad Adenauer persönlich, der sich gegen die Kälte dick eingepackt hatte. Ohne jegliche Zeremonie drängte er Schuman und seinen Kollegen, Jean Monnet, zum wartenden Wagen. Als der Wagen den Bahnhof verließ, entschuldigte sich Adenauer für sein brüskes Verhalten mit der Erklärung, dass er einen Angriff auf den französischen Außenminister befürchtet hatte. Anti-französische Gefühle seien hochgekommen, weil es momentan so aussähe, als wäre Frankreich kurz davor, sich das Saarland einzuverleiben. Durch Schumans Antwort, dass er an eine zukünftige Zusammenarbeit von Deutschland und Frankreich glaube, entspannte sich die Atmosphäre im Wagen deutlich.

Doch hatte sich Schuman ein Treffen mit „exzellenten Männern von Caux", wie Buchman es im Treffen beschrieben hatte, nicht so vorgestellt. Als Außenminister hatte Schuman das Saar-Problem geerbt und es eiterte wie eine offene Wunde vor sich hin. Dieses könnte bei unvorsichtigem Handeln alle französisch-deutschen Beziehungen infizieren und alle weiteren Bemühungen um Versöhnung und Kooperation vereiteln.

Das Saarland, das Gebiet entlang des Flusstals der Saar, grenzt an das französische Lothringen, ist reich an Bodenschätzen und stark industrialisiert. Gemeinsam mit dem Ruhrgebiet war es ein Hauptzentrum der industriellen Revolution und seit Beginn des 19. Jahrhunderts eine Waffenschmiede für die deutschen Heere. Nach dem Krieg wurde die Saar zu einem französisch verwalteten Protektorat. Die Siegermächte hatten, wie auch in anderen Gebieten Deutschlands, potenziell bedrohliche Industriezweige systematisch abgebaut. Dies führte oft zu tiefer Missgunst auf der Seite der Deutschen.

Als Opfer von drei deutschen, größtenteils von der Saar-Industrie aufgerüsteten Invasionen, innerhalb von 70 Jahren, empfanden die Franzosen einen moralischen Anspruch auf dieses Gebiet. Die reichen Kohlevorkommen machten die Saar für Frankreich besonders attraktiv, da es damit die Stahlindustrie hinter der Grenze in Lothringen versorgen konnte.

Nun schien das Thema Saar die Beziehung zu der einen Person zu bedrohen, auf die Schuman seine Hoffnungen zu setzen begonnen hatte, eine Beziehung, die auf ein gemeinsames Bindeglied, auf eine Person, der beide vertrauten, gegründet war. Diese Person war Buchman.

In seinen Memoiren vermerkte Monnet eine *atmosphère glacée*, eine eisige Atmosphäre bei dem Treffen in Bonn und er warnte Schuman, dass sie vor der Gefahr stünden, im Umgang mit Deutschland den gleichen Fehler zu machen, wie nach dem Ersten Weltkrieg.

Dieser spezifische Besuch brachte keine Regelung bezüglich der Saar, obwohl Adenauer mit dem vagen Eindruck zurückblieb, dass Schuman durchaus dafür offen wäre, dass die Region eines Tages wieder an Deutschland übergehen würde. Adenauer beschrieb dieses Treffen später als den Punkt, an dem die Atmosphäre gegenseitigen Vertrauens geendet hätte.

Dass die französische Regierung dann innerhalb der nächsten zwei Monate begann, die Saar in Frankreich zu integrieren, erboste Adenauer sehr. Als wenige Wochen später einige Freunde von Buchman den Kanzler besuchten, konnte er sich nicht zurückhalten und nannte Schuman „einen lügnerischen elsässischen Bauern".

Die Besucher fragten den Kanzler diplomatisch, wie er Schuman vielleicht verändern könnte. Adenauer ertappte sich dabei, wie er wiederholte, was er in Caux gelernt hatte: „Ich selber brauche auch Veränderung."

Auch Schuman hatte Grund, über die Botschaft von Caux nachzudenken. Ein sanfter Anflug von Grippe bot ihm die nötige Ruhe von der normalen Arbeit, um das versprochene Vorwort für Buchmans Buch zu schreiben.

Schuman begann sich, angesichts der politischen Enttäuschungen, einzugestehen, dass Staatsmänner im „Neuschaffen der Welt" nur mäßigen Erfolg hatten. Die *Moralische Aufrüstung* (MRA) hingegen entwickelte eine Lebensphilosophie, die aktiv angewendet wurde. Mit seinen eigenen Worten beschrieb er daraufhin Buchmans Programm:

> Das unmittelbare Ziel ist es, damit anzufangen, ein moralisches Klima zu schaffen, in dem wahre brüderliche Einheit aufblühen kann. Dies ist der Bogen über allem, was heute die Welt auseinanderreißt.

4. Apostel der Versöhnung

Die Aneignung von Weisheit, von Wissen über den Menschen und das, was ihn umtreibt, kann nur dort stattfinden, wo man die Leute in öffentlichen Versammlungen und Begegnungen zusammenbringt. Teams von ausgebildeten Leuten zum Dienste des Staates zur Verfügung stellen, Apostel der Versöhnung und Erbauer einer neuen Welt – dies ist der Anfang einer weitreichenden Veränderung der Gesellschaft. Die ersten Schritte wurden schon während der letzten fünfzehn, von Kriegszerstörungen gekennzeichneten, Jahre gegangen.

Als Schuman im April 1950 in Paris den Zug bestieg, um für ein Wochenende in seinem Heimatdorf Scy-Chazelles auszuruhen, schienen wahre brüderliche Liebe und weitreichende Veränderung der Gesellschaft jedoch weiter entfernt als je zuvor.

Der Frühling hatte kein Tauwetter in die frostigen Beziehungen mit Deutschland gebracht. Egal in welche Richtung sich Schuman auch wandte, er sah nur Sackgassen. Sowohl Adenauer als auch Schuman waren persönlich willens, als Apostel der Versöhnung zu handeln. Aber das politische Instrument zum Überwinden der „schrecklichen Hypothek des Schicksals, der Furcht", wie Schuman es später beschrieb, konnten sie nicht finden. Sie brauchten einen seelischen Schub nach vorne, eine Brechstange.

Das entscheidende bevorstehende Treffen mit seinen amerikanischen und britischen Kollegen lastete schwer auf Schuman. Welchen positiven politischen Vorschlag bezüglich Deutschlands konnte er auf den Tisch legen?

Eilige Schritte auf dem Flur seines Zugabteils unterbrachen seine Gedanken. Die Tür zu seinem Schlafwagenabteil wurde aufgezogen und er hörte die Stimme seines Privatsekretärs, Bernard Clappier: „*Monsieur*, würden Sie dieses Papier von Monnet lesen, *s'il vous plaît? C'est important!*"

MONNETS VORSCHLAG führte direkt zur Schuman-Deklaration vom 9. Mai 1950, dem Höhepunkt von Schumans politischer Karriere. Er blieb bis Januar 1953 Außenminister, diente später kurze Zeit als Justizminister und war danach der Lord Chancellor.

Im Jahre 1953 verwirklichte Schuman endlich seinen Wunsch, Caux zu besuchen und beschrieb dies als eine der bedeutendsten Erfahrungen seines Lebens. Schuman würdigte Frank Buchmans Beitrag „zu einem Klima, in dem die neue Beziehung zwischen Frankreich und Deutschland möglich wurde" mit dem Titel eines Ritters der Ehrenlegion. Er unterstützte Buchmans Arbeit bis zum Tode des Evangelisten, im Jahre 1961.

In gleicher Weise erkannte Adenauer die Rolle Buchmans und der MRA-Bewegung an: Er überreichte ihm das deutsche Verdienstkreuz. In einem Artikel der New York Herald-Tribune[35] beschrieb Adenauer die Rolle der MRA in den vorangegangenen schwierigen und wichtigen internationalen Vereinbarungen als „einen unsichtbaren, aber effektiven Beitrag zum Überbrücken unterschiedlicher Meinungen zwischen verhandelnden Parteien ... Die *Moralische Aufrüstung* hat uns einen großartigen und bleibenden Dienst erwiesen."

1958 wurde Schuman zum Präsidenten der neu formierten Europäischen Versammlung ernannt, die später das Europäische Parlament werden sollte. Als er 1960 aus gesundheitlichen Gründen aus dem Dienst schied, wurde er unter stehenden Ovationen als „Vater Europas" gefeiert. Schuman wurde mit vielen anderen Ehrungen ausgezeichnet, einschließlich des Karlspreises.

Aufgrund von zerebraler Arteriosklerose konnte er sein Haus in Scy-Chazelles bis zu seinem Tod 1963, im Alter von 76 Jahren, nicht mehr verlassen.

---

[35] 4. Juni 1951

Teil Zwei

5. Was ist nur geschehen?

Jeder, der mit der heutigen Europäischen Union vertraut ist, weiß, dass sie zwar weiterhin Mitgliedsstaaten angezogen, Gewalt durch Dialog ersetzt und sechzig Jahre lang Frieden aufrechterhalten hat, doch trotzdem hinter dem ursprünglichen Traum Schumans zurück blieb: Dem Traum von „einer Völkergemeinschaft, die tief in christlichen Grundwerten verwurzelt ist". Was ist nur mit diesem Traum geschehen?

Säkularisation war während der letzten sechzig Jahre der überwältigende Trend in Europa und dieser Grundtenor spiegelt sich in der Politikgestaltung der EU wieder. Viele haben biblische Werte als nicht mehr aktuell, altmodisch, passé und irrelevant erachtet. Die Säkularisten gingen davon aus, dass Religion dazu verurteilt sei, am Rand des Spielfelds langsam zu sterben, während die Europäer im Geist der Aufklärung wachsen.

Diese Annahme hat sich jedoch als haltlos erwiesen. Zunehmend wird nun für unsere Zeit der Begriff „post-säkular" verwendet. Gott und Religion erleben in der europäischen Szene eine Rückkehr, die derzeit in den Medien häufig debattiert wird. Die erneute Präsenz des Islam in Europa war nur ein Faktor, der die Debatte über Religion und Politik wieder aufkommen ließ.

Eine kurze Übersicht über die Entwicklung der Europäischen Union seit 1950 wird uns helfen zu verstehen, was mit dem Traum Schumans geschah.

I. Die Geschichte der Europäischen Union, 1950–2010

Die Schuman-Erklärung vom 9. Mai 1950 war der dramatische Durchbruch, der praktisch über Nacht das Konzept für die Architektur des europäischen Hauses schuf, in dem heute eine halbe Milliarde Europäer in Frieden zusammenleben. Es war zwar ein bescheidener, aber konkreter Schritt, der im Keim alle Elemente enthielt, die sich schließlich zur heutigen EU hin entfalteten. Nach vielen Verhandlungen und Beratungen, entstand am 18. April 1951 durch Unterzeichnung des Pariser Vertrages die Europäische Gemeinschaft für Kohle und Stahl (Montanunion). Die Gründungsmitglieder waren Frankreich, die Bundesrepublik Deutschland, Italien, Belgien, Luxemburg und die Niederlande.

Noch heute sind die durch den Pariser Vertrag eingeführten Institutionen die vier Säulen der EU: Die Hohe Behörde (jetzt die Europäische Kommission), der Besondere Ministerrat (jetzt Rat der Europäischen Kommission), die Gemeinsame Versammlung (jetzt das Europäische Parlament) und der Gerichtshof (jetzt der Europäische Gerichtshof).

Der erfolgreiche Anfang dieses Projekts führte, mit der Unterzeichnung des Römischen Vertrags 1957, zur Ausweitung der Zusammenarbeit zwischen den Mitgliedsstaaten in der Europäischen Wirtschaftsgemeinschaft (EWG). Richtiger wäre es, von „Römischen Veträgen" zu sprechen, denn zur gleichen Zeit wurden zwei weitere Verträge unterzeichnet: Der Vertrag zur Zusammenarbeit in der Entwicklung der Kernenergie, bekannt als die Europäische Gemeinschaft für Atomenergie (Euratom), sowie ein Vertrag zur Regelung der Zollunion.

Die französische Initiative spielte fortwährend eine Schlüsselrolle hinter diesen Entwicklungen. Dies ist besonders in Anbetracht der damaligen unbeständigen französischen Politikszene bemerkenswert: Kommunisten und Gaullisten, auf der einen Seite, die am jeweils entgegengesetzten Pol extrem agierten, während auf der anderen Seite Christdemokraten und Sozialisten in der politischen Mitte kooperierten. Die zerbrechlichen pro-europäischen Mehrheiten konnten so von den Extremen ins Wanken

5. Was ist nur geschehen? 73

gebracht werden. Dies führte dazu, dass die vorgeschlagene Europäische Verteidigungsgemeinschaft abgelehnt wurde. Die Gaullisten prangerten sie als „das einzige, bekannte Beispiel an, bei dem der Sieger Gleichstellung mit dem Besiegten verlangen und erhalten würde".

Als der Nationalist de Gaulle 1958 Präsident wurde, widerstand er allen Europäischen Verträgen heftig, um sie zur Überraschung aller aber postwendend zu unterstützen. „Frankreichs ‚Erbfeind' zu umarmen, um ihn besser im Griff zu haben", war die Logik hinter seiner Kehrtwendung.

Der komplexe De Gaulle verblüffte seine europäischen Kollegen fortwährend, weil er zugleich als größter Pro- und Anti-Europäer seiner Zeit agierte. In den 1960er Jahren war sein Engagement zur Vertiefung des Europäischen Projekts der Antrieb, einer Erweiterung durch den Beitritt Großbritanniens heftig zu widerstehen. Der General teilte Schumans bewusst christliche Werte nie und stand stets jeder Form übernationaler Integration und jedem Verlust französischer Souveränität feindselig gegenüber. Während er einem starken Europa, einem nicht von Amerika kontrollierten „europäischen Europa" seine Unterstützung erklärte, schwächte er den Entscheidungsprozess durch seine Angst vor starken europäischen Institutionen ab. Einige werfen De Gaulle vor, das europäische Projekt etwa zwanzig Jahre verzögert und die Europalähmung erheblich vermehrt zu haben.

1967 wurden die Institutionen der Römischen Verträge durch den Fusionsvertrag zu einer kollektiven Identität als Europäische Gemeinschaften zusammengeführt, die besser als Europäische Gemeinschaft (EG) bekannt ist.

Als Nachfolger de Gaulles hieß Präsident Pompidou 1973 die ersten neu aufgenommenen Mitglieder Dänemark, Irland und Großbritannien willkommen. Der Franzose wurde nie ein Herz und eine Seele mit seinem linksgerichteten westdeutschen Gegenüber, Willy Brandt. Er fiel in eine Mentalität des Gleichgewichts der Kräfte zurück. Indem er England als Gegengewicht zum Einfluss Deutschlands sah, schlug er jede supra- nationale Entwicklung der Gemeinschaft nieder.

Im Gegensatz zu Pompidou erneuerte sein Nachfolger, Giscard d'Estaing, im folgenden Jahr die französisch-deutschen Beziehungen und brachte die Gemeinschaft durch seine Zusammenarbeit mit Helmut Schmidt wirtschaftlich und politisch voran. Das Europäische Währungssystem wurde aufgebaut und verknüpfte die Währungen der teilnehmenden Mitglieder. Dies war ein erster Schritt für die spätere Einführung des Euros. 1979 hatten die Wähler der Mitgliedsstaaten zum ersten Mal die Gelegenheit, an einer Abstimmung auf europäischer Ebene zur Wahl des Europäischen Parlaments teilzunehmen.

1981 wurde Griechenland das zehnte Mitglied der EG. Im gleichen Jahr wurde der aufstrebende Politiker – der 1956 Schuman als Finanzminister gefolgt war – François Mitterand, zum Präsidenten von Frankreich gewählt. Mitterand war damals über sechzig Jahre alt und wurde bis 1995 der am längsten amtierende Präsident Frankreichs.

Anders als Schuman, hatte Mitterand gerne im Vichy-Regime gedient, schloss sich jedoch nach dem Krieg einer französischen Delegation an, die Caux – sogar noch vor Schumans Besuch, aufsuchte. Ein Kommentator beschrieb sein Leben als „unter einem großen Fragezeichen gestaltet" und Mitterand als Mann, der „das Prinzip des Widerspruchs nicht wahrhaben wollte".[36]

Mitterand initiierte grandiose architektonische Bauten in Paris, wie den *Grand Arc de la Defense*, der groß genug war, um die *Notre-Dame*-Kathedrale vollständig zu umspannen. In seinem Buch *The Cube and the Cathedral* interpretiert George Weigel dieses „Monument" als ausdrücklich humanistische Aussage der Überlegenheit der Vernunft über den Glauben und dass es eine säkulare Kultur widerspiegle, die „ausgesprochen feinselig" gegenüber dem Christentum sei. „Der Europäische Mensch hat sich davon überzeugt, dass er radikal säkular sein müsse, um modern und frei zu sein", schreibt Weigel. „Diese Überzeugung und ihre Folgen für den Staat sind ursächlich für die aktuelle Krise der kulturellen Moral Europas".

Die Eurosklerose erreichte ihren Höhepunkt Mitte der Achtzigerjahre. Es gab keine neuen Erweiterungen. Ein demokratisches Defizit, wirtschaftliche Probleme und britische Vetos zu

---

[36] Jean-Louis Bourlanges, in Bond, Smith & Wallace, 1996, S. 130–132

EU-Projekten erzeugten Apathie und Pessimismus, die sich rasch verbreiteten.

1985 kam es mit dem Amtsantritt Jacques Delors als Präsident der Europäischen Kommission in Brüssel zu einer willkommenen grundlegenden Veränderung. *The International Herald Tribune* schrieb Delors die Rettung der EG aus der Flaute zu: „Er kam an, als der Europessimismus am schlimmsten war. Obwohl er als früherer französischer Finanzminister nur wenig bekannt war, blies er Leben und Hoffnung in die EG und in die Brüsseler Kommission, aus der der Geist entwichen war. In seiner ersten Amtsperiode von 1985 bis 1988 gewann er Europa dafür, nach einem gemeinsamen Wirtschaftsraum zu rufen. Und als er zu seiner zweiten Amtszeit berufen wurde, begann er, die Europäer in Richtung des viel höher gesteckten Zieles zu drängen: einer wirtschaftlichen, monetären und politischen Union."[37]

Bald nach seinem Amtsantritt öffnete das Schengener Abkommen die Grenzen zwischen mehreren Mitglieds- und Nichtmitgliedsstaaten durch den Wegfall der Passkontrollen. Im Folgejahr wurden Spanien und Portugal Mitglieder. Durch sie verdoppelte sich die ursprüngliche Größe und es kam mehr Schwung in das „Projekt Europa".

Delors stand der Europäischen Kommission, von 1985-1994, also drei Amtsperioden lang vor, und diente damit länger als jeder andere Präsident. Von vielen wird seine Kommissionsarbeit als die erfolgreichste in der Geschichte der EU angesehen. Um die Bastion des Vetos zu durchbrechen, durch das ein Mitgliedsstaat den Fortschritt behindern konnte, führte er das qualifizierte Mehrheitswahlrecht ein. Seine erste Kommission brachte neue Impulse in den Prozess der europäischen Integration und legte weitere Grundlagen für den Euro.

In Delors verkörperte sich das europäische Projekt, er vermittelte tragfähigen Glauben und Vertrauen in dessen zukünftige Ausrichtung.

Als der Eiserne Vorhang im November 1989 fiel und sich die politische Landschaft, sowohl Europas als auch der Welt, völlig

---

[37] Giles Merritt im International Herald Tribune vom 21. Januar 1992

neu gestaltete, war Mitterand noch immer Präsident von Frankreich. Delors, sein früherer Wirtschaftsminister, war Präsident der Europäischen Kommission. Trotz des Widerstandes einiger besorgter französischer Politiker (die meinten, sie liebten Deutschland so sehr, dass sie lieber zwei davon hätten) vereinten sich die beiden deutschen Staaten und bereiteten damit den Weg für die weitere Ausdehnung der EU.

Eine ganze Anzahl ehemals kommunistischer Satellitenstaaten sehnten sich nach der Sicherheit, dem Wohlstand und den Werten der Europäischen Gemeinschaft. Man einigte sich auf die Kopenhagener Kriterien für eine Mitgliedschaft und begann mit Verhandlungen. Von jedem Antragssteller wurde Folgendes verlangt: „stabile Institutionen, die Demokratie garantieren, Rechtsstaatlichkeit, Menschenrechte, Respektierung und Schutz von Minderheiten, die Existenz einer funktionierenden Marktwirtschaft, sowie die Fähigkeit im Umgang mit Wettbewerbsdruck und Kräften des freien Marktes innerhalb der Union".

Delors und seine Kommissionsmitglieder bereiteten den Weg für den Maastricht-Vertrag vom 1. November 1993 vor, in dem die Europäische Gemeinschaft formell als Europäische Union proklamiert wurde.

Zwei Jahre später traten Österreich, Schweden und Finnland dem Brüsseler Klub bei und erhöhten die Mitgliederzahl auf fünfzehn.

Obwohl Jacques Delors Sozialist war, forderte er die langjährige säkulare Tradition heraus, indem er seinen katholischen Glauben öffentlich praktizierte, so wie Schuman es getan hatte. Er versuchte, die europäischen Bürger, besonders die europäischen religiösen Leiter, bei der Suche nach der „Seele Europas" zu sammeln und zu vereinen. Er argumentierte wie folgt: Wenn Brüssel keine spirituelle Dimension in die EU hinein entwickeln könne, würde diese scheitern. Er wiederholte Schumans frühere Warnung und bestand darauf, dass die EU nicht erfolgreich sein würde, wenn sie nur auf Rechtssystemen und Volkswirtschaft basierte.

Seine letzten Worte als Präsident der Europäischen Kommission waren: „Wenn wir es in den nächsten zehn Jahren nicht

5. Was ist nur geschehen? 77

schaffen, Europa eine Seele und damit Spiritualität und Bedeutung zu geben, dann ist das Spiel aus."

Ganz anders als die erfolgreichen Delors-Kommissionen, agierte die nachfolgende Kommission unter Santer im Jahr 1995. Sie wurde wegen Korruptionsvorwürfen zum Rücktritt gezwungen.

Die darauffolgende Kommission wurde von Romano Prodi angeleitet. Auch sie schaffte es nicht, den Standard Delors' zu erreichen, obwohl sie 2002, mit der Einführung der Euro-Münzen und -Banknoten in zwölf Mitgliedsstaaten, einen weiteren historischen Meilenstein setzte. Diese Eurozone war die wichtigste europäische Initiative seit dem Vertrag von Rom. Sie erweiterte sich 2009 auf sechzehn Mitglieder.

Die Prodi-Kommission stand der Union auch 2004, während der größten aller Erweiterungen, vor, als Zypern, die Tschechische Republik, Estland, Ungarn, Lettland, Litauen, Malta, Polen, die Slowakei und Slowenien Mitglieder wurden. Rumänien und Bulgarien wurden 2007 zugelassen. Mit diesem Schritt hatte sich die Anzahl der Mitgliedschaften in drei kurzen Jahren fast verdoppelt.

Die Neuzugänge wurden vielfach als Verwässerung der Europäischen Ideale und zu schnelles Vorstürmen kritisiert. Es wurden Befürchtungen geäußert, dass das Projekt unter dem Gewicht seines eigenen Erfolges misslingen würde.

Klar war, dass die alten, für die ersten sechs Staaten geschaffenen, Regeln eine drastische Überarbeitung brauchten. Die Gipfeltreffen von Maastricht (1992), Amsterdam (1997) und Nizza (2000) versagten alle bei dem Versuch, die Abläufe und Strukturen ausreichend zu verschlanken, um mit der stark erweiterten Mitgliedschaft zurecht zu kommen. Um den Bedürfnissen gerecht zu werden, wurde 2004 der von allen Mitgliedsstaaten zu ratifizierende „*Vertrag über eine Verfassung für Europa*" in Rom unterzeichnet. Als erst die Franzosen und dann die Niederländer den kontroversen Vorschlag in einem Referendum verwarfen, wurde die Kluft zwischen Brüssel und den nationalen Regierungen einerseits und der Öffentlichkeit andererseits sehr deutlich.

Die Verfassung, in der die Erwähnung Gottes oder des jüdisch-christlichen Erbes von Europa bewusst ausgelassen wurde,

wurde vertagt. Schließlich wurde am 1. Dezember 2009, nur einige Monate vor dem 60-jährigen Jubiläum der Schuman Deklaration, der Lissabonner Vertrag unterzeichnet. Er rettete die Überreste der Reformvorschläge und erfand einen ständigen Präsidenten des Europäischen Rates.

Wie würde Schuman über die EU denken, wenn er sie heute sehen könnte? Für vieles wäre er sehr dankbar; vielleicht am meisten für sechzig Jahre ohne Kriege, von denen er zwei unmittelbar erlebt hatte. Sicher wäre er fast ebenso überwältigt vom Niveau der wirtschaftlichen und politischen Zusammenarbeit mit Konsultationen in vielen Sprachen über alle möglichen Themen, die in den, eigens dafür gebauten, Einrichtungen in Brüssel und Straßburg laufend stattfinden.

Aber ohne Zweifel würde seine Hauptsorge der fehlenden spirituellen Dimension gelten, für deren Wiedergewinnung Jacques Delors vergebens gekämpft hatte: die Suche nach der Seele Europas.

Das Gespräch über Europas „Seele" war ein direktes Echo auf Schumans eigenen Appell in seinem Todesjahr. Die verschmelzende Identität des neuen Europas, so schrieb er, „kann und darf kein wirtschaftliches und technisches Unternehmen bleiben. Es braucht eine Seele, ein Bewusstsein seiner historischen Verbundenheit und seiner Verantwortung in Gegenwart und Zukunft, sowie einen politischen Willen zum Dienst, der vom gleichen Menschenbild ausgeht".[38]

Obwohl „grundlegende christliche Werte" in der Tat viele der europäischen Institutionen geformt haben, wäre er tief besorgt über Europas Zukunft: Ein Europa, in dem heute materialistische Werte, die Suche nach unmittelbarer Befriedigung, nach sinnlichem Vergnügen und banalem Streben, vorherrschen. Die falsche Ethik der Gier im Finanzsektor und die „Kultur des Todes", die sich in der Selbstmordrate junger Menschen, sowie in vorgeburtlicher Kindstötung (Abtreibungen), Beihilfe zum Selbstmord (Euthanasie), geringen Geburtsraten und ansteigenden Mordraten äußert, wären nur einige der Signale weitreichender geistlicher Armut, die Schuman, feststellen würde.

---

[38] Schuman, S. 58

Was würde der Mann, der einst sagte: „Die Europäische Bewegung wird nur erfolgreich sein, wenn zukünftige Generationen es schaffen, sich den Versuchungen des Materialismus zu entziehen, der die Gesellschaft verdirbt, indem er sie von ihren geistlichen Wurzeln trennt"[39], heute schlussfolgern?

---

[39] siehe Fußnote 2

II. Und wo waren die christlichen „Mitspieler"?

Wie wir gesehen haben, engagierten sich gläubige Christen, besonders Katholiken, auf unterschiedlichen Ebenen des Entwicklungsprozesses. Die christlich demokratische Bewegung beeinflusste Denken und Sprache der EU stark. So wurden bekanntermaßen „Subsidiarität" und „Solidarität" als zwei Begriffe mit spezifisch christlichen Ursprüngen bleibend aufgenommen. Das moralische Prinzip von „Subsidiarität", wurde beispielsweise einmal so beschrieben: „Es ist falsch, die Zuständigkeiten des anderen zu stehlen".

Die Leiter der christlichen Volkskirchen pflegen gute, anhaltende offizielle Beziehungen zum Kommissionspräsidenten und es finden regelmäßig formelle Konsultationen statt. Katholische Bischöfe und ökumenische Gremien der Kirchenleitung unterhalten in Brüssel ständige Büros für ihre Interessengruppen. Sie beteiligen sich an der Gestaltung der Politik und an den Entscheidungsprozessen in der EU, indem sie ihre Vorlagen aktiv präsentieren. Der Status der Kirchen und nicht-konfessionellen Organisationen wird in Artikel 51 der Lissabonner Verträge als „offener, transparenter und regelmäßiger Dialog mit diesen Kirchen und Organisationen" bezeichnet.

Christen spielten Schlüsselrollen in der EU und tun dies weiterhin, um ihren Einfluss wo immer möglich geltend zu machen. Die gegenwärtigen Präsidenten des Europäischen Rates und des Europäischen Parlamentes, der Belgier Herman Van Rompuy und der Pole Jerzy Buzek sind beide engagierte, bekennende Christen.

Van Rompuy zieht sich regelmäßig zu Gebet und Meditation in ein Kloster zurück. Zur Frage der Mitgliedschaft der Türkei in der EU stellte er fest: „Es ist eine Tatsache, dass die universellen Werte, die in Europa gelten, auch die fundamentalen Werte des Christentums sind. Sie würden durch den Eintritt eines großen islamischen Landes, wie der Türkei, an Kraft verlieren."

Buzek war durch die Unterzeichnung der Lissabonner Verträge in Portugal im Dezember 2009 verhindert, das Gebetsfrühstück des Europäischen Parlamentes zu moderieren und schrieb

5. Was ist nur geschehen? 81

an alle Teilnehmer, einschließlich an mich, folgende Entschuldigung: „Es ist wunderbar, wenn wir daran denken, dass so viele Leute unterschiedlicher Nationalitäten und Kirchen es möglich machen, sich im Europäischen Parlament um die Person Jesus Christus herum zu versammeln."

Zahlreiche Christen aus verschiedenen Ländern haben während der vergangenen Jahre als Mitglieder des Europäischen Parlamentes, wie auch in den Abteilungen der Kommission, gedient. Durch meinen Besuch 1991 im Gebäude der Europäischen Kommission, entdeckten wir ein Netzwerk von christlichen Mitarbeitern, die sich regelmäßig zum Gebet treffen.

Evangelikale hatten in Brüssel ein wesentlich geringeres Profil als die Christen der Volkskirchen. Dies wird oft ihrem geringeren Anteil – um die 15 Millionen – an der Bevölkerung Europas angelastet. Diese Zahl entspricht aber immerhin der Bevölkerung Hollands und die Niederländer scheinen fähig zu sein, einen sichtbaren Eindruck in Brüssel zu hinterlassen.

Die Erzählung von Paul van Buitenen illustriert auch, was eine einzelne Person tun kann, selbst wenn es sie persönlich Einiges kostet. Paul von Buitenen diente später als Ein-Mann-Partei „*Europa Transparant*" im Europäischen Parlament. Kurz bevor ich ihn, vor mehr als zehn Jahren, zum ersten Mal in Brüssel traf, hatte er die Korruption und Vetternwirtschaft aufgedeckt, in die auch die frühere französische Premierministerin Edith Cresson verwickelt war. Damit hat er den Rücktritt der gesamten Europäischen Kommission unter Jacques Santer verursacht. Er war damals nur einer von Tausenden anderer Büromitarbeiter der Europäischen Kommission. Aber bevor sich seine Vorwürfe als wahr erwiesen, wurde van Buitenen suspendiert, sein Gehalt halbiert und er sah sich Disziplinarmaßnahmen ausgesetzt.

Schließlich trug die öffentliche Entrüstung über seine Behandlung zum Fall der Kommission im März 1999 bei. Später wurde er von *Reader's Digest* und von der Australischen Rundfunkkommission zum „Europäer des Jahres" ernannt.

Van Buitenen wurde drei oder vier Jahre vor der Aufdeckung des Skandals gläubig. Die treibende Kraft hinter seinen Nachforschungen war all die Jahre seine persönliche Hingabe an einen Gott der Wahrheit und Gerechtigkeit, trotz kalter Schultern und Steinmauern, die er in der Europäischen Kommission fortwährend erlebte.

Aber van Buitenen kämpfte weiter. Er brachte während seiner parlamentarischen Sitzungsperiode von 2004 bis 2009 viele Korruptionsvorfälle in EU-Institutionen ans Licht. Doch keine seiner Entschleierungen führten zu weiteren Nachforschungen durch OLAF, der Antibetrugsbehörde der EU. Van Buitenen beklagte, dass die Europäische Kommission, das Parlament und OLAF stattdessen einfach weggeschaut hätten. Nachdem Vorschläge unbeachtet blieben, OLAF durch eine passende, unabhängige Körperschaft verstärkt zu überwachen, entschied sich van Buitenen, nicht mehr für das Europäische Parlament zu kandidieren.

Die Europäische Union braucht aber demokratische Strukturen und gegenseitige Kontrollen auf europäischer Ebene. Das Europäische Projekt läuft in die falsche Richtung, wenn solche prophetischen Stimmen, wie die van Buitenens weiterhin ungehört in der Wüste verhallen.

Eine weitere Geschichte ist diejenige von Sir Fred Catherwood. In der allgemein euroskeptischen britischen, evangelikalen Welt war er eine besondere Persönlichkeit. Er war Präsident der Evangelischen Allianz in Großbritannien und diente 1989–1992 als Vizepräsident des Europäischen Parlaments. Er plädierte in seinem Buch „*Pro-Europe?*" für christliches Engagement bei der Gestaltung der Europäischen Union.

Auf seine Ansprache bei *Europa 92*, einem 1992 in Brüssel durchgeführten Treffen der evangelikalen Leiter aus ganz Europa, wird im nächsten Kapital näher eingegangen. Damals stellte Sir Fred eine panoramaartige Übersicht der europäischen Geschichte vor – und das ohne Manuskript! Er machte sehr deutlich, warum Christen eine Verantwortung dafür haben, die Zukunft Europas zu gestalten.

Er begann damit, dass Europas Einheit nur durch die, sich 2000 Jahre lang entwickelnde, fortschrittliche christliche Sicht und deren Anwendung auf das Leben, möglich gemacht wurde. Sie hatte das kriegerische Heidentum der Nordstämme, die Gier und die Ambitionen der Fürsten und Mächtigen gezügelt. Der christliche Einfluss war der dominante in unserem Europa, wie dies in der ganzheitlichen christlichen Inspiration der Europäischen Kommission für Menschenrechte zu sehen ist. „Wenn ihr euch durch jedes Element hindurcharbeitet, werdet ihr feststellen, dass christliche Lehre dahinter steht." Damit forderte er alle Zuhörer heraus.[40] Er betonte, dass die Hefe des christlichen Glaubens, trotz vieler Fehler der Kirche und einzelner Christen, 2000 Jahre lang den Teig der Gesellschaft durchsäuert hatte.

Er behauptete, dass wir sogar unsere rationale Wissenschaft dem christlichen Glauben zu verdanken hätten. Vor vierhundert Jahren haben sich Christen demütig ebenso dem Buch von Gottes Werken, der Schöpfung, genähert, wie sie sich dem Buch von Gottes Wort, der Bibel, näherten. Sie gingen mit einer gewissen Vorannahme ans Werk, ohne die es unsere gegenwärtige Naturwissenschaft nicht geben würde: Es gibt einen Gott, nicht eine Vielzahl von Göttern. Dementsprechend gab es nur ein Naturgesetz im Universum und nicht sich widersprechende Gesetze. Die Einheit in den Naturgesetzen ist eine Säule der wissenschaftlichen Methode.

Vor allem glaubten wir an einen guten, gnädigen Gott, nicht an einen, der feindselig eingestellt war. Dieser hat uns das Universum zu unserem Nutzen gegeben. Dementsprechend, so sagte einst der Gründungsvater der Wissenschaft, Francis Bacon, sollten wir diese Gesetze „zur Erlösung des menschlichen Zustands" nutzen. Die Naturwissenschaft ist also nicht ursprünglich aus Asien oder Afrika gekommen, sondern von Europa. Heiden glaubten an viele Götter, nicht an einen Gott. Heiden glaubten nicht an ein geordnetes, rationales, stabiles Universum. Er argumentierte weiter: „Wenn Heidentum kommt, weicht Wissenschaft. Darüber müssen wir uns im Klaren sein."

Ähnlich hat der christliche Glaube an die Würde jedes Einzelnen direkt zur Entwicklung der Demokratie, der Gesetzgebung, des Erziehungswesens und der sozialen Fürsorge geführt. Der christliche Glaube, dass wir unseren Nächsten lieben sollen wie uns selbst, war das Gegenmittel für Stammeskonflikte, Nationalismus und Rassismus.

Der Aufbruch des heidnischem Nationalismus hatte im zwanzigsten Jahrhundert Europa fünfzig Millionen Tote durch zwei

---

[40] siehe Anhang III

Weltkriege gekostet: *Das größte Gemetzel in der gesamten Geschichte der Menschheit!* Der Aufbruch des militanten Atheismus hatte Osteuropa über drei Generationen hinweg in einen langen Schlaf eingefroren.

In der Konferenz von 1992 erklärte Sir Fred, dass das europäische Haus von Faschismus und Kommunismus gereinigt worden sei. Vom Atlantik bis zum Ural gibt es nun Demokratie und Redefreiheit. Aber bezüglich des christlichen Glaubens sei Europa leerer als zuvor. Er warnte mit den Worten eines Gleichnisses von Jesus, dass Europa ein gereinigtes Haus sei, bereit für den Einzug von sieben Teufeln, schlimmer als die vorigen.

Nur wenn wir unseren gemeinsamen, christlichen Glauben wiedergewinnen würden, hätten wir die nötigen Baumaterialien eines gemeinsamen Glaubens, der unsere Europäische Union zusammen halten würde. Gemeinsames Baumaterial unter den Leuten komme nicht durch unterschriebene Verträge der Regierungen, egal wie gut diese auch wären. Genauso wenig können sie von einer gemeinsamen Währung, einem gemeinsamen sozialen Programm oder einer glaubensleeren Gesellschaft kommen. Der gemeinsame Glaube hält zusammen. Und genau dieser gemeinsame Glaube existiert nicht mehr. Wenn der Staat bis zu einem gewissen Grad säkular geworden ist, kann er wirklich nur funktionieren, wenn die Gesellschaft selbst ein gut verwurzeltes Glaubenssystem hat. Ohne solch ein System fällt das gemeinsame Ganze auseinander. Aber den heutigen intellektuellen Führungspersonen fehle dieser gemeinsame Glaube, argumentierte Sir Fred.

Doch der Heilige Geist sei die Kraft des Evangeliums. Wir bräuchten kein Monopol des Christentums. Die Botschaft trage Kraft in sich selbst. Das heidnische Rom wurde nicht überwunden, indem den Christen ein Monopol gegeben wurde. Das heidnische Rom wurde überwunden durch das Leben der Christen, das Anstacheln des Gewissens und den Geist, der die Wahrheit offenbarte.

Er erklärte, dass diese Kraft die gleiche ist, wie in der frühen Kirche und in all den großartigen Erweckungsbewegungen, die Europa durchflutet hatten.

Dann fügte er zuversichtlich hinzu: „Und es gewiss auch wieder durchfluten werden!"

6. Das Erbe weiterführen

Zwei Generationen später wirft Robert Schumans Geschichte für uns heute viele Fragen auf:
- Wie können wir sein Vermächtnis heute weiterführen?
- Wagen wir es immer noch, davon zu träumen, dass Europa „eine in christlichen Werten tief verwurzelte Gemeinschaft von Völkern" wird? Können Schumans christliche Werte für uns in einem nachchristlichen, postmodernen Europa des einundzwanzigsten Jahrhunderts irgendeine Relevanz haben?
- Was ist unsere christliche Verantwortung für Politik und Regierung, unabhängig davon, ob wir persönlich dazu berufen sind, uns aktiv politisch zu engagieren? Wie sollen wir eine politische Institution wie die EU betrachten, wenn es so aussieht, als würde sie „gottlose, humanistische Grundsätze" in ganz Europa durchsetzen?
- Können heilige Schriften aus einem landwirtschaftlich geprägten, vorindustriellen Nahen Osten heute wirklich etwas zur Politik in einem urbanen, post-industriellen Europa zu sagen haben?
- Wie können wir Schumans vergessenes Erbe wiedergewinnen?

Dieses Kapitel ist ein Versuch, diese Fragen zu thematisieren.

I. Welche Lehren können wir aus Schumans Leben ziehen? Was kann sein Erbe für uns heute bedeuten?

Bei der gemeinsamen Gestaltung des Europas von morgen, kann Robert Schumans Geschichte uns ein großes Stück weiterhelfen.

Sie lehrt uns, dass es keine einfachen Antworten gibt, es viel harte Arbeit braucht und Zeiten der Frustration, des Rückschlages und der Entmutigung auszuhalten sind. Manchmal, so auch während der dunkelsten Tage des Zweiten Weltkrieges, mag es so scheinen, als ob alles verloren sei.

Dennoch halten wir gleichzeitig an der Erkenntnis fest, dass es immer Gottes Wille ist, dass „sein Wille geschehe auf Erden …", in Europa, in Brüssel oder wo immer wir beauftragt sind, zu arbeiten.

Schumans Geschichte erinnert uns daran, dass Glaube und Hoffnung, Charakter und Integrität grundlegend sind, wenn wir Gottes Werk auf Gottes Art tun, und das in einer Welt, in der man oft davon ausgeht, dass nur die Machtpolitik Machiavellis[41] erfolgreich sein könne. Dies trifft für politische Entscheidungen und Verfahrensweisen genauso zu, wie für das persönliche Leben der politischen Akteure.

Schumans Begegnungen mit Frank Buchman erinnern uns auch an die Grenzen der Politik. Das Zusammenwirken von Bewegungen, persönlicher Veränderung und Bekehrung derjenigen, die für die Politik berufen sind, ist notwendig.

II. Wagen wir es immer noch, davon zu träumen, dass Europa „Eine in christlichen Werten tief verwurzelte Gemeinschaft von Völkern wird"?

Über eine Zukunft Europas zu sprechen, die „in christlichen Werten tief verwurzelt" ist, löst in vielen politischen und akademischen Kreisen Stirnrunzeln aus.

Aber fragen wir uns einmal ehrlich: Was für andere Wurzeln gibt es eigentlich? In der Natur sind Wurzeln das, woraus ein Baum, eine Pflanze, eine Blume wachsen –, aus einem Samen, der Wurzeln geschlagen hat. Aus welchen Samen und Wurzeln ist Europa erwachsen?

Wurzeln bieten Nahrung und Stabilität. Was geschieht, wenn ein Baum, eine Pflanze oder eine Blume von ihren Wurzeln ab-

---

[41] Ein zynischer, intriganter und skrupelloser, politischer Ansatz ist nach Niccolò Machiavelli, einem italienischen Politikphilosophen der Renaissance benannt. Machiavelli gilt als Begründer der Politikwissenschaft.

geschnitten werden? Leben wir in einer Schnittblumen-Zivilisation? Wenn ja, was wird unausweichlich geschehen?

In einem relativistischen, postmodernen Zeitalter ist es politisch inkorrekt, die Priorität einer Weltanschauung vor einer anderen zu beanspruchen. Uns wird oft gesagt, dass alle Weltanschauungen gleichberechtigt seien. Nichts sei absolut wahr. Kein Glaube könne für sich beanspruchen, er sei wahr. Diese Aussage ist unlogisch, ja absurd. Die meisten Religionen behaupten, dass sie die einzig wahre Religion sind: Der Islam, das Christentum und der Glaube derer, die es für absolut wahr halten, dass kein Glaube wahr ist.

Heute wird, im Schein vieler später aufgetretener Konkurrenten die Tatsache ignoriert, dass die Wurzeln Europas primär christlich sind. Daher resultiert auch die Ablehnung des Gottesbezugs und der jüdisch-christlichen Tradition in der vorgeschlagenen Europäischen Verfassung, die bereits erwähnt wurde.

Was aber ist die wirkliche Quelle der europäischen Grundwerte? Ist das eine Frage von Vermutungen? Oder von historischen Tatsachen?

Im vorherigen Kapitel haben wir Sir Fred Cathewoods Antwort auf diese Frage gesehen.

Im Gegensatz zu ihm war Papst Johannes Paul II bereit, ohne Umschweife zuzugeben, dass Europa vielfältige kulturelle Wurzeln hat:

„Eine neue europäische Ordnung muss, um angemessen das echte, gemeinsame Gut fördern zu können, die Werte anerkennen und bewahren. Diese bilden das wertvollste Erbe des europäischen Humanismus. Die Verstärkung dieser Werte hat durch verschiedenartige, kulturelle Wurzeln stattgefunden: vom Geist Griechenlands zur römischen Gesetzgebung und Tugend, von den Beiträgen der lateinischen, keltischen, germanischen, slawischen und finnisch-ungarischen Völker, bis zur jüdischen Kultur und der islamischen Welt. Diese unterschiedlichen Faktoren haben in der jüdisch-christlichen Tradition die Kraft gefunden, die diese Werte vereinte, festigte und förderte."[42]

Trotz dieses Gegensatzes betonte der Papst, genau wie Sir Fred, dass die biblische Tradition die unterschiedlichen Kulturen geeint hat, die Europas Erbe ausmachen.
Natürlichen erwarten wir von einem Papst Aussagen wie diese. Aber selbst der Erz-Atheist Richard Dawkins gibt offen zu, dass wir Europas Geschichte, ohne Verständnis des Christentums und der Bibel, nicht verstehen können.
Zumindest an diesem Punkt hat Dawkins Recht! Woher hat Europa seine eindeutige, alles zusammenhaltende Identität als „der Kontinent"? Dabei ist Europa der einzige Kontinent, der kein Kontinent ist! Es ist lediglich die westliche Halbinsel der Eurasischen Landmasse.
Die europäischen Völker kamen größtenteils in den großen Völkerwanderungen aus dem Osten und trafen vor Ende des ersten Jahrtausends nach Christus in Wellen ein. Sie sprachen indoeuropäische Sprachen. Sie beteten viele hunderte, wenn nicht tausende von Göttern quer durch Europa an – keltische, germanische, nordische, römische, griechische, slawische und viele mehr.
Schon eine kurze Google-Recherche zu den nordischen Göttern und Göttinnen zeigt Folgendes: *AESIR, regierende Götterrasse in der nordischen Mythologie; ANDHRIMNIR, der Koch der Aesir; ANGBODA, Göttin und Frau des Loki; ASTRILD, Göttin der Liebe; ATLA, Wassergöttin; AUDHUMLA, die aus schmelzendem Eis gebildete urzeitliche Kuh; BALDER, der schönste der Götter; BEYLA, die Dienerin von Freyr; BORGHILD, Göttin der Abenddämmerung oder des Mondes, jeden Abend tötet sie die Sonne; BRAGI, Gott der Poeten und der Schirmherr aller Skaldi (Poeten) in der nordischen Kultur; BRONO, Sohn von Balder, Gott des Tageslichtes; BYLGIA, Wassergöttin; … und so geht es alphabetisch weiter bis zu: … THOR, Donnergott und Beschützer von*

---

[42] Aus seiner Botschaft an den Kongress „Towards a European Constituiton", der von der Föderation katholischer Universitäten Europas organisiert worden war, 20. Juni 2003

Menschen und Göttern, TYR, der ursprüngliche Gott des Krieges in der Germanischen Kultur; ULL, Gott der Gerechtigkeit, des Kampfs und des Bogenschießens; VALI, Sohn Odins und der Gott der geboren wurde, um den Tod Balders zu rächen; WALKÜREN, die kämpfenden Jungfrauen, die die besten Krieger auswählen; VANIR, eine Gruppe von Natur- und Fruchtbarkeitsgöttern; VAR, Göttin der Verträge und Ehevereinbarungen; VIDAR, Sohn Odins und Gott der Stille und der Rache.

Die Identität der Europäer wurzelte im Osten. Zu welchem Zeitpunkt hat sich daraus eine spezifisch westliche Identität entwickelt? Was geschah mit all diesen Göttern und Göttinnen?

Die Antwort: Zu den Volksgruppen, die auf der West-Eurasischen Halbinsel lebten, kamen Geschichten-Erzähler mit einem Buch, das ihnen von Jesus, Gottes Sohn erzählte. Sie kamen zu den Griechen, Römern, Kelten, Schotten, Pikten, Angeln, Sachsen, Franken, Friesen, Germanen, Slawen, Goten, Russen, Balten, Wikingern ... und vielen anderen. Nachdem sie sich zum christlichen Monotheismus bekehrten, hatten diese Völker aus verschiedenen Kulturen, Sprachen und Denkweisen eine gemeinsame, grundsätzliche Weltanschauung mit Werten, die aus den Lehren eines Mannes stammten: Jesus von Nazareth.

Diese Phase legte das Fundament für die hervorbrechende, selbstbewusste geografische Identität, die sich im Unterschied zu ihrem asiatischen Hintergrund, Europa nannte. Norman Davies schreibt, dass das Zusammenwirken der ex-römischen und der ex-barbarischen Welt eine Einheit namens „Christentum" hervorbrachte, die Grundlage der europäischen Zivilisation.[43]

Es waren die vier Jahrhunderte nach Konstantin, die Europa ins Leben riefen. Es war die Zeit, in der sich die Mehrzahl der unterschiedlichen Völker der Halbinsel dauerhaft niederließ und der Rest des römischen Imperiums nur einer der vielen souveränen Staaten in einer Gemeinschaft des „Christentums" war. So argumentiert Davies und schreibt: „Niemand benützte damals den Namen *Europa*, um diese Gemeinschaft zu beschreiben, aber es kann kaum bezweifelt werden, dass Europa schon existierte."[44]

---

[43] Davies, 1996, S. 216
[44] Davies, S. 284

6. Das Erbe weiterführen

Der deutsche Soziologe, Jürgen Habermas, Marxist in vielen seiner Hauptideen, wird weithin als einer der einflussreichsten säkularen Philosophen weltweit betrachtet. In einem Interview räumte Habermas 1999 ein, dass es keine Alternative zur jüdisch-christlichen Ethik gibt, um Freiheit, Solidarität, Emanzipation, Sittlichkeit, Menschenrechte und Demokratie zu begründen.

„Das Christentum ist für das normative Selbstverständnis der Moderne nicht nur Katalysator gewesen. Der egalitäre Universalismus, aus dem die Ideen von Freiheit und solidarischem Zusammenleben entsprungen sind, ist unmittelbar ein Erbe der jüdischen Gerechtigkeit und der christlichen Liebesethik, ebenso die selbstständige Lebensführung und Emanzipation, die individuelle Sittlichkeit des Gewissens, Menschenrechte und Demokratie.

In der Substanz unverändert, ist dieses Erbe immer wieder kritisch angeeignet und neu interpretiert worden. Dazu gibt es bis heute keine Alternative.

Und im Licht der gegenwärtigen Herausforderungen einer post-nationalen Konstellation müssen wir jetzt, genau wie in der Vergangenheit, von dieser Substanz zehren. Alles andere ist müßiges postmodernes Geschwätz."[45]

Als Antwort auf unserer Frage: „Welche anderen Wurzeln können für Europas Zukunft herangezogen werden?", macht Habermas die überraschende Aussage: Keine!

Der englische Politwissenschaftler, John Gray, führt uns noch einen Schritt weiter. Sein Buch *Straw Dogs* ist ein massiver Angriff auf den Humanismus, den er „getarntes Christentum"[46] nennt. „Wenn man Gott aus dem Bild entfernt, gibt es keine Basis mehr, über Menschenwürde oder die Einzigartigkeit des Menschen zu sprechen", postuliert er. Der Titel des Buches kommt von einer traditionellen chinesischen Feier, bei der Hunde aus Stroh gefertigt, einen Tag lang angebetet und dann verbrannt

---
[45] Habermas, 2001, S. 150f.
[46] Gray, 2002

werden. Er argumentiert, dass die Menschen ohne Schöpfer-Gott keine spezielle Bedeutung in der großen Ordnung der Dinge haben. Wir würden uns ohne Gott irrational hoch einschätzen, und am Ende – wie die Strohhunde – bedeutungslos verlöschen. Deshalb ist Humanismus selbst irrational, wenn er beansprucht, eine rationale Antwort auf eine irrationale Religion zu sein!

Mit anderen Worten: Über Freiheit, Gleichheit, Solidarität und Frieden zu sprechen, hat außerhalb des jüdisch-christlichen Rahmens keinen Sinn.

Der Holländische Philosoph Evert Jan Ouweneel wirft in einem Artikel mit dem Titel *Zurück zu den Wurzeln* [47] einen Blick auf die vier spezifischen Werte Freiheit, Gleichheit, Solidarität und Frieden, die Schuman als europäisch identifiziert. Er fragt danach, was mit jedem dieser Werte geschieht, wenn er von seiner jüdisch-christlichen Wurzel abgetrennt wird. Er kommt zu dem Schluss, dass Europas Kernprobleme vom Verlust der Wurzeln herrühren. Nur wenn der christliche Glaube diese Werte wiederbelebt, könne er nochmals seinen unverzichtbaren Beitrag für die europäische Gesellschaft leisten.

„Niemand will zu den früheren Tagen des kulturellen Christentums in Europa zurückkehren", folgert er, „aber es gibt keinen Grund für uns, wegen der christlichen Wurzeln schüchtern zu sein. Sie sind Europas höchst geachteste Werte."

III. Was ist unsere christliche Verantwortung für Politik und Regierung, unabhängig davon, ob wir persönlich dazu berufen sind, uns aktiv politisch zu engagieren? Wie sollen wir eine politische Institution wie die EU betrachten, wenn es so aussieht, dass sie „gottlose, humanistische Grundsätze" in ganz Europa durchsetzt?

Dies waren, wie im ersten Kapitel beschrieben, meine Fragen, als ich 1991 mit meinen Kollegen Brüssel besuchte. Ich wollte die

---
[47] Anhang II

6. Das Erbe weiterführen

Geschichte und Philosophie der Europäischen Gemeinschaft, wie sie damals noch hieß, verstehen und wollte wissen, welche Beziehung Christen zu dieser Institution haben sollten.

Ein Jahr später, im Jahr des Maastrichter Vertrags, führten wir in Brüssel für fünfzig evangelikale Leiter eine Konferenz mit dem (einfallsreichen) Namen *Europa '92* durch. Verschiedene führende Persönlichkeiten der Europäischen Kommission hielten Ansprachen an die Versammlung, auch der oben erwähnte Sir Fred Catherwood.

Insbesondere er half uns, einige biblische Leitlinien über politisches Engagement. anhand der Geschichten von Josef, Daniel, Esther und Nehemia, die alle als Menschen mit Glauben, Charakter und Integrität in heidnischen Regierungen gedient hatten, durchzudenken.

Wir fassten unsere Schlussfolgerungen in der *Brüsseler Erklärung* (Anhang IV) zusammen.

„Die Institution einer Regierung, so hielten wir fest, ob eines einzelnen Nationalstaats oder multinational (wie Rom oder die EU), ist ein, von Gott eingesetzter, Autoritätsbereich (Römer 13,1–7); Staatsdiener und Politiker sollen „Diener Gottes" genannt werden (*diakonos* – Römer 13,4), ihnen soll man gehorchen, wenn sie innerhalb ihrer gottgegebenen Autorität handeln."

Als Paulus diese Anweisungen gab, hatte er eine deutlich heidnische Regierung im Sinn. Dies bedeutet, „dass es die erste Pflicht der Christen ist, für solche Amtspersonen zu beten, sowohl in den einzelnen Ländern als auch in der EU, dafür zu beten, dass sie weise und gerecht regieren, so dass die Bedingungen eines sozial ‚ruhigen und stillen Lebens' die Verkündigung des Evangeliums erleichtern" (1 Tim 2,1–4).

Es war nötig, unsere Haltungen bezüglich des Prozesses der europäischen Einigung im Allgemeinen und der Europäischen Union im Besonderen neu zu bewerten, sowie unsere Teilnahmslosigkeit angesichts des Engagements in diesem Prozess zu bereuen.

Sir Fred erinnerte uns, genau wie auch die Geschichte Schumans daran, dass die ursprüngliche Vision der EU nicht primär wirtschaftlicher Art war, sondern darauf zielte, dass die sich bekriegenden europäischen Nationen ihre „Stammesfehden" aufgeben und sich zu einer echten Gemeinschaft der Völker versöhnen.

Da in der realen Welt den Absichten nicht immer Ergebnisse folgen, erkannten wir die Notwendigkeit, dass Christen Entwicklungen in folgenden Bereichen genau verfolgen sollten:[48]

☐ die Tendenz, dass wirtschaftliche und materielle Werte den Entscheidungsprozess der EU dominieren;
☐ ein möglicherweise alarmierendes demokratisches Defizit in diesen Prozessen, das zum Missbrauch der Macht führen könnte;
☐ die Geschwindigkeit der Entwicklungen in den vergangenen Jahren, die die Gefahr selbstherrlichen Entscheidens erhöht;
☐ die Möglichkeit, dass unbiblische Weltanschauungen die spirituellen Werte dominieren, die das neue Europa leiten werden;

Da die Kraft des Evangeliums sowohl erhaltende (Salz) als auch rettende (Licht) Dimensionen hat, bekräftigten wir, dass Gottes Wort auf jeden, von der Sünde beeinflussten, Lebensbereich, einschließlich der Politik, der Wirtschaft und der sozialen Themen, angewendet werden muss.

Wir erkannten auch, wie der Prozess der europäischen Einheit viele Gelegenheiten eröffnete, die nur darauf warteten, für das Evangelium und die Mission aufgegriffen zu werden, besonders in Ländern, in denen früher die Freiheit für Gottesdienste eingeschränkt worden war. Gleichzeitig erkannten wir die Verantwortung, gemeinsam zu handeln und den (damals) neu befreiten Ländern Mittel- und Osteuropas beim Wiederaufbau zu helfen. Evangelikale Christen sollten helfen, den spirituellen Charakter und die Werte des neu aufbrechenden Europas zu prägen.

Zuletzt bestätigen wir, dass Themen, wie Rassismus, Nationalismus, das Aufstreben des Islam, der Zustrom von Flüchtlingen und die Umwelt, die die Einheit Europas und eine echte Gemeinschaft heute herausfordern, nur dann befriedigend begegnet werden kann, wenn man von einer biblischen Perspektive ausgeht.

---

[48] Infolge dieser Konferenz wurde in Brüssel ein sozialpolitisches Büro der Europäischen Evangelischen Allianz eingerichtet, um dieses Ziel zu erreichen.

Gemeint ist eine Perspektive, die über Rasse, Nation und Kultur hinausgeht, eine Perspektive, die eine sichere Hoffnung darauf bietet, dass rivalisierende Weltanschauungen toleriert werden, eine Hoffnung, die Gottes Volk zu Gastfreundschaft und Mitleid ruft und weise Haushalterschaft über die Ressourcen der Erde fordert.

Diese „Brüsseler Erklärung" bietet auch nach zwanzig Jahren relevante Leitlinien für ein verantwortliches christliches Engagement in der EU oder in anderen nationalen oder lokalen Regierungen.

IV. Schuman glaubte an seine Berufung in die Politik. Andere sind vielleicht in das Erziehungs- oder Gesundheitswesen, in die Geschäftswelt, die Kunst oder gar in den Dienst der christlichen Gemeinde berufen. Wie sollen Christen mit einer solchen Berufung die politische Aufgabe angehen? Gibt es überhaupt ein christliches politisches Vorgehen?

Es wurden viele Bücher über Politik und christliche Möglichkeiten in der Politik geschrieben. Eines, das ich empfehle, ist: *Political Visions and Illusions* von David Koyzis[49].

Der Autor analysiert eine Reihe von „Ismen" oder politischen Ideologien, die seit der Aufklärung im westlichen Denken aufgekommen sind. Zu nennen sind: *Liberalismus, Nationalismus, Konservatismus, Sozialismus* und *Marxismus*. Wir könnten die Ein-Thema-Parteien dazu nehmen, die in den letzten Jahren aufgetaucht sind, und sich beispielsweise auf die Umwelt (*Environmentalism*) oder den *Tierschutz* spezialisiert haben.

Einige Christen argumentieren, dass die Schrift uns gebietet, dass wir uns um Arme und Unterdrückte kümmern sollen. Deshalb engagieren sie sich als *christliche Sozialisten* und verlangen

---

[49] Koyzis, 2003; David Koyzis ist ein kanadischer Professor für Politikwissenschaften.

ein sozialistisches Programm. Andere halten dagegen, dass die Option des *liberalen Kapitalismus* das christlichste aller Systeme sei, weil die Bibel privaten Besitz unterstützt. Andere wiederum geben sich als *politisch konservativ*. Sie setzen die Treue zum überlieferten Glauben gleich mit der Treue zur Tradition im Allgemeinen.

Gemäß Koyzis ist das Nettoresultat eine „vereinzelte Stimme", ein unnötig zerteilter Leib Christi in der politischen Arena. Partei ergreifen, fußt oft auf einem mangelhaften Verständnis darüber, was Ideologien wirklich sind. Viele Christen erkennen nicht, dass diese Systeme in sich selbst religiös sind und nicht einfach neutral, sie ignorieren die spirituellen Wurzeln von Kapitalismus und Sozialismus.

Koyzis erklärt, dass Ideologien aus der religiösen Hingabe einer Person oder Gemeinschaft heraus entstehen. Menschen beten Erschaffenes an, auch wenn sich das nicht alle eingestehen. Ein Atheist verleugnet zwar den Glauben an Gott, er kann aber trotzdem Rationalität, künstlerisches Talent oder militärische Macht ernsthaft als Gottesersatz anbeten. Einige Teile von Gottes Schöpfung übernehmen anderen gegenüber die Rolle von Götzen.

Das gilt für den *Liberalismus* und dessen Gott der maximalen, persönlichen Freiheiten, den *Nationalismus* (Befreiung von der Herrschaft der „anderen"), den *Konservatismus* (zurück zum „goldenen Zeitalter"), den *Sozialismus* (das Volksvermögen als Gemeinschaftseigentum) und sogar für die *Demokratie* (die sich – wie Schuman selbst feststellte – ohne solide geistliche Grundlage vor dem Gott der Volkssouveränität verneigt).

Der Autor glaubt, dass Ideologien, auch wenn sie aus einer götzendienerischen Weltanschauung heraus entstanden sind, uns etwas lehren können. Ideologien können unentdeckte Teilwahrheiten enthalten, die von Christen manchmal nicht klar gesehen werden.

Warum sind beispielsweise sonst gute und anständige deutsche Bürger den Anziehungskräften des Nationalsozialismus erlegen? Warum wandten sich viele westliche Intellektuelle, empört von der Not, die die Weltwirtschaftskrise ausgelöst hatte, dem Kommunismus zu?

6. Das Erbe weiterführen

Ungeachtet der Verdrehungen der Ideologien, erkennt Koyzis die Güte Gottes seiner Schöpfung gegenüber. Selbst die verführerischste Ideologie ist insgesamt unfähig, die menschliche Gesellschaft nach ihrem eigenen Bild zu verunstalten. Eine den Individualismus fördernde, liberale politische Ordnung kann die grundlegenden Institutionen von Ehe und Familie nicht völlig untergraben. Genauso wenig hat es das totalitäre System geschafft, die Familie und andere, nicht auf den Staat ausgerichtete Treueverhältnisse vollständig auszulöschen.

Koyzis schreibt: „Deshalb sollten wir Gott wirklich dafür danken, dass er inmitten unseres Ungehorsams seine Schöpfungsordnung treu erhält."

Worauf kann ein Christ stehen, wenn alle unsere jetzigen Ideologien auf Götzenverehrung basieren?

Das biblische Christentum hält zuallererst daran fest, dass die ganze Schöpfung unter Gottes Herrschaft steht; dass aber die Sünde des Menschen, der Sündenfall, *alle* unsere Tätigkeiten beeinflusst hat. So wie Schöpfung und Sündenfall kosmische Wirkung haben, so ist auch die Erlösung die eine *„wiedergewonnene Schöpfung"*.

Und diese wiedergewonnene Schöpfung schließt die Politik mit ein. Wir können die Politik weder einem neutralen, „säkularen" Bereich, noch der Herrschaft des Fürsten dieser Welt überlassen, sagt Koyzis. Wir müssen sie für Jesus Christus beanspruchen.

Wie sieht nun ein Ansatz für Gesellschaft und Politik aus, der nicht einem Götzen dient? Er kennt die Souveränität Gottes über alle Lebensbereiche an, argumentiert Koyzis. Wie der *Liberalismus* hält er die individuellen Rechte hoch, erinnert uns aber auch daran, dass der Einzelne nicht allein herrscht. Wie der *Konservatismus* gibt er der Tradition ihren rechtmäßigen Platz, aber erkennt, dass jedes menschliche Tun von der Sünde belastet ist. Wie *Nationalismus* und *demokratische Überzeugung* gibt er dem Gemeinwesen seinen Platz, jedoch nicht als Mittelpunkt jeglicher Verehrung und Treue.

Die einzige Alternative, die nicht einem Götzen dient, ist laut Koyzis, eine Art *Pluralismus*. Er untersucht zwei christliche Modelle, die beide versuchen, sich über den Götzendienst der Ideologien zu erheben: das eine Modell ist reformiert, das andere ist katholisch. Beide enthalten verheißungsvolle Ansätze für die komplexen politischen Realitäten des einundzwanzigsten Jahrhunderts, meint Koyzis. Sie vermeiden die Ungerechtigkeiten, die von einem Staat ausgehen, der seine eigentliche, gottgegebene Aufgabe überschreitet.

Die reformierte Tradition bestätigt die gesellschaftliche Vielschichtigkeit. Sie wurde von holländischen Calvinisten als Reaktion auf die Ideologien entwickelt, die durch die Französische Revolution entstanden sind. Groen van Prinsterer, Abraham Kuyper und Herman Dooyeweerd sprachen von Bereichs-Souveränität und erkannten damit an, dass die letzte Autorität Gott zusteht. Alle irdischen Souveränitäten sind subsidiär. Die Familie, die Schule, Unternehmen, die Arbeiterschaft, die Künste usw. sind in ihrem eigenen Bereich, innerhalb ihrer gottgegebenen Grenzen, souverän. Das katholische Modell, das auf der sozialen Enzyklika *Rerum Novarum* basiert, haben wir schon kennen gelernt. Wir haben gesehen, welch bedeutenden Einfluss es auf Schumans politisches Denken hatte. Es legte den Grund für die Christliche Demokratie, die an Stelle von Krieg, Versöhnung zwischen den Klassen sucht und von kirchlicher Lehre begleitet ist. Es lehnte Liberalismus und Sozialismus gleichermaßen ab und bestand darauf, dass der Staat zu allgemeinem Wohl regieren und subsidiäre Gemeinschaften respektieren muss. Diese Lehre der Subsidiarität muss, wie wir gesehen haben, ein grundlegendes Prinzip der Europäischen Union werden. Die Gesellschaft besteht nicht nur aus Staat und Einzelpersonen, sondern aus einer Vielfalt kleinerer Gemeinschaften, Gruppen und Vereinigungen; jedem solle die größtmögliche Autonomie gewährt werden. Dieses pluralistische Prinzip schützt die zivile Gesellschaft.

In katholischen Kreisen war dieses Denken eng mit einer philosophischen Weltanschauung verbunden, die *Personalismus* genannt wurde. Sie wurde im neunzehnten und der ersten Hälfte des zwanzigsten Jahrhunderts durch Denker in Frankreich, den USA, Großbritannien und Deutschland entwickelt. Der Personalismus betont, dass im menschlichen Verhalten die Person von zentraler Bedeutung ist, wobei die Identität einer Person durch ihre Beziehungen erkannt und definiert werden kann. Seinen politischen Ausdruck fand der Personalismus in den Christlich Demokratischen Parteien, die nach dem Krieg in mehreren europäischen Nationen an der Macht waren. In Deutschland, Frankreich, den Niederlanden und Polen ist der Personalismus immer noch sehr einflussreich, ebenso wie in der Europäischen Volkspartei im Europaparlament. In der Gesetzgebung ist sein Einfluss im Bereich der Städteplanung (Kleinstädte in Deutschland) zu erkennen sowie in der Stärke von Handelsbeziehungen und dem Widerstand gegen Embryonenforschung.

Wir werden gleich sehen, dass es allerdings auch Leute wie Dr. Michael Schluter gibt, die glauben, dass dem Personalismus entscheidende Dimensionen fehlen. Trotzdem könnte Personalismus durch eine symbiotische Beziehung, mit etwas, das Schluter *Relationismus* nennt, überführt werden.

V. Könnten heilige Schriften aus der längst vergangenen, landwirtschaftlich geprägten Zeit des vorindustriellen Nahen Ostens tatsächlich noch etwas zur politischen Zukunft eines urbanen, postindustriellen Europas zu sagen haben?

Der Herausgeber des Wirtschaftsteils von *The Sydney Morning Herald* überraschte seine Leser eines Tages mit einem Bericht über eine Gruppe christlicher Denker in Cambridge, England. Diese glauben, dass die Lösung der wirtschaftlichen und politischen Probleme der Gesellschaft darin liege, zu dem Modell zurück zu kehren, das in der Bibel dargestellt wird.

„Bitte lachen Sie nicht", schrieb Ross Gittins, „diese Gruppe hat mehr Doktortitel vorzuweisen, als Sie Frisörbesuche aufzählen können. Sie gehören zu einer christlichen Forschungsgruppe, die von Michael Schluter als *„Jubilee-Center"* gegründet wurde. Dr. Schluter ist besser bekannt als Direktor der *„Relationships Foundation"* (Stiftung „Beziehungen"). Wussten Sie nicht, dass es in der Bibel ein Wirtschaftsmodell gibt? Wenn man die alttestamentliche Gesetzgebung als Ganzes betrachtet, tritt – so diese Gruppe – ein integriertes Wirtschaftsmodell zu Tage, das sowohl den Anforderungen von Effizienz als auch von Fairness entspricht, ohne dabei die verschwenderischen und schädlichen Nebenwirkungen des gegenwärtigen westlichen Wirtschaftsmodells aufzuweisen."[50]

Dr. Schluter war in den 1970er Jahren Volkswirt bei der Weltbank für Ost-Afrika. Er beobachtete die gesellschaftlichen Störungen, die in Tansania durch den Sozialismus, in Äthiopien durch den Marxismus und in Kenia durch den Kapitalismus verursacht wurden und suchte nach einer biblischen Alternative. Indem er das Alte Testament als ethische Grundlage für das öffentliche Leben betrachtete, fand er eine bemerkenswerte Folgerichtigkeit in der scheinbar zufälligen Sammlung von Gesetzen. Er entdeckte, dass die Freilassungsgesetze für Grundstücke, das Zinsverbot, die Rolle der Leviten, politische Strukturen, Maßnahmen der Wohlfahrt und militärische Organisation in einem zentralen Thema zusammenhingen. Den Schlüssel dazu entdeckte er in Jesu brillanter Zusammenfassung des Mosaischen Gesetzes: *Liebe Gott und deinen Nächsten!* Jesus beschrieb damit den Klebstoff der Gesellschaft: Liebe, und dadurch richtig gelebte Beziehungen.

In der heutigen Realität wird solch eine Antwort natürlich als naiv, unausführbar und unrealistisch angesehen. Das ist nicht die Sprache von Geld, Wirtschaft, Politik und militärischer Macht. Diese Sprache ist in Moskau oder London, Berlin oder Paris, Rom oder Brüssel nicht verbreitet.

Und doch ist das Gebot, Gott und den Nächsten zu lieben, Schluter zufolge eine biblische Alternative zu der dominanten westlichen Ideologie des globalen Kapitalismus und der Sozialen Marktwirtschaft. Schluter glaubt, dass die große Idee dahinter ist, die Welt aus der Perspektive der Beziehungen zu sehen. Diese Perspektive bietet einen Weg über den heutigen Pragmatismus hinaus an.

Jesus betonte die Qualität von Beziehungen, während der Kapitalismus sich hauptsächlich um Anlage und Vermehrung von Kapital gesorgt und der Sozialismus sich auf die Rolle und die Organisation des Kollektivs konzentriert hat. Die „Große Idee"

---

[50] „The Sydney Morning Herald" vom 17. April 2006

des alttestamentlichen Gesetzes war: Beziehungen. Alle diese scheinbar unzusammenhängenden Gesetze von Mose schützten und förderten langfristig Beziehungen. Mit anderen Worten: Eine Gesellschaft sollte nicht nach ihrem Bruttoinlandsprodukt oder nach der Effektivität ihrer Märkte bewertet werden, sondern inwieweit sie gesunde Beziehungen fördert.

Schluter folgert, dass Beziehungen der Schlüssel, sowohl zur heutigen Bewertung der Gesellschaft, als auch zur heutigen Deutung und Anwendung des biblischen Gesetzes, sind.

Schluter fordert seine Zuhörer bei Reden oft dazu auf, sich ein Entwicklungsland vorzustellen. Nach einiger Zeit des Nachdenkens fragt er, an welche Region oder welchen Kontinent die Leute denken. Die meisten denken an Afrika, Asien oder die Karibik. Dann fragt er: „In welchem Sinne dachten Sie an ‚entwickelt'"? In Begriffen der Wirtschaft oder der Beziehungen? Welche Länder sind in diesen Tagen beziehungsmäßig am wenigsten entwickelt? Welche Länder haben beispielsweise die höchste Scheidungsrate? Vielleicht Amerika und England?

Schluter nennt diese Art, von Beziehungen zu reden, *Relationismus*. Seine Idee umschließt einen weiten Bereich sozialer Initiativen und wird durch Schrift und Wort erklärt.[51]

Ist nun auch der *Relationismus* nur ein weiterer „Ismus"? Ist er gar eine weitere christliche Ideologie? Schluter gibt zu, dass Ideologien „den Beigeschmack von Götzendienst, Lösungen ohne Erlösung und einem Überbau politischer Gedanken und Taten haben, die die Herrschaft Christi nicht anerkennen. Vielleicht könnte der Relationismus als Ideologie betrachtet werden, die

---

[51] Dr. Schluter ist Mitautor von The R Factor und The R Option und Gründer der Relationship Foundation („Beziehungs-Stiftung"), des Jubilee Centre in Cambridge und der Ideenschmiede, die The Cambridge Papers herausgibt. Er initiierte in England und anderen Ländern eine Vielzahl von Projekten, wie z. B. Beschäftigungsprogramme, Beziehungs-Audits in multinationalen Unternehmen und die Keep-Sunday-Special-Kampagne („bewahrt den Sonntag als etwas Besonderes") in England. Er arbeitet mit dem schottischen Strafvollzug zusammen, um die Beziehungen zwischen Wärtern und Gefangenen zu verbessern, und befürwortet ein „Beziehungs-Gesundheitswesen" und eine „Beziehungs-Rechtsprechung". Letztere betrachtet Kriminalität als Zusammenbruch der Beziehung zwischen Täter und Opfer/Gesellschaft.

einer geteilten Weltanschauung entspringt, die nicht von jedem geteilt wird. Trotzdem sollte er nicht als autonomes Gebäude menschlicher Gedanken betrachtet werden".

Schluter mahnt jedoch auch, dass der mögliche Langzeiteffekt des Relationismus auf die westliche Gesellschaft davon abhängt, ob diese in der Nähe ihrer biblischen Wurzeln bleibt oder nicht. Wenn sie von biblischer Lehre losgelöst wird, wird ihr die wesentliche Motivation zum Aufbau starker sozialer Bindungen und zur Wiederherstellung zerbrochener Beziehungen fehlen: die Liebe zu Gott.

In diesem Sinne bestehen viele Gemeinsamkeiten zwischen Relationismus und Personalismus. Beide lehnen eine Sicht des Menschen und der Natur ab, die diese nur als Ausgangsmaterial betrachtet (z. B. Menschen als „Arbeitskraft", „Personal" oder „Humankapital", oder: ein Baum ist nur „Bauholz"). Auch sind menschliche Wesen nicht primär dazu da, eine effiziente Gesellschaft aufzubauen. Der „Entwicklungsstand" einer Gesellschaft sollte nicht an ihrem wirtschaftlichen Wachstum gemessen werden.

Beide Perspektiven lehnen die Idee ab, dass Einzelne psychologisch oder wirtschaftlich autark sein sollten (*atomic self*). Sie lehnen die Vorstellung ab, dass eine Person für jeden Lebensbereich ein anderes Ich haben könne oder solle. Sie lehnen auch die Meinung ab, dass das Selbst keine höhere Bedeutung habe, weil es nur einen kleinen Teil eines universellen größeren Selbst ausmache. Die Gemeinsamkeiten von Relationismus und Personalismus sind bei Fragen rund um den Lebensstil am stärksten, weil beide den Fokus auf den Einzelnen richten. Beide betonen, dass Identität, Bedeutung, Sicherheit und Wert vor allem in den Beziehungen einer Person zu finden sind.

Dennoch benennt Dr. Schluter entscheidende Unterschiede zwischen Relationismus und Personalismus. Er glaubt, dass Personalismus in manchen Bereichen zu kurz greift, und Relationismus an diesen Stellen für Europa den Weg nach vorn weisen kann. Er argumentiert, dass Personalismus den Christlich Demokratischen Parteien in den Schlüsselthemen der Wirtschaft beispielsweise keine Antwort geben kann. ‚Oder wie Frau Thatcher es auf ihre üblich beißende Art ausdrückte: Alles – egal ob Korporatismus auf der einen oder Großunternehmen auf der anderen Seite, kann sich mit den Worten von Christlicher Demokratie schmücken'[52]."

Der Personalismus berücksichtigt die biblischen Warnungen vor nationalen oder persönlichen Schulden nicht in dem Maße wie der Relationismus. Dies wurde uns erst vor kurzem vor Augen geführt. Beide Ansichten gehen von unterschiedlichen Ausgangspunkten aus und führen zu unterschiedlichen Betonungen. Personalismus ist vor allem eine Antwort auf Individualismus und Kollektivismus. Relationismus dagegen hauptsächlich eine Antwort auf Marxismus und Kapitalismus. Personalismus ist mehr ein philosophisches Bemühen, zu beschreiben, was eine authentische, menschliche Person ist; Relationismus beschäftigt sich mehr mit der Frage, wie das soziale Leben gestaltet werden sollte, um in Beziehungen lebenden Personen größtmöglichen Nutzen zu bringen.

Dies bedeutet, dass Personalismus zu Beziehungen von Gruppen oder Organisationen wenig zu sagen hat und sich schwer tut, die Angelegenheiten der staatlichen Gesetzgebung anzusprechen.

Der Begriff „Personalismus" hat als eine Konsequenz zur Folge, dass er die Aufmerksamkeit hauptsächlich auf die Einzelperson richtet, besonders in einer individualistischen Kultur. Wenn die Bedeutung einer Person aber in ihren Beziehungen zu anderen liegt, ist das nicht hilfreich.

Der Relationismus hängt deutlicher von den ethischen Werten der jüdisch-christlichen Tradition ab als der Personalismus, indem er wichtige normative Werte definiert, die für Beziehungsmenschen bedeutend sind. Der Relationismus erhält seine Inspiration von den gemeinsamen Schriften der Christen und Juden, vor allem aus den Mosaischen Gesetzen. Indem er deren historischen und geografischen Kontext genau beachtet, baut er auf die Werte, die das dort beschriebene politische, wirtschaftliche und soziale Leben untermauern. Da auch die Kirche ein gegenkulturelles Modell für eine Beziehungsgemeinschaft bietet, rührt die Inspiration nicht ausschließlich vom Alten Testament her.

---

[52] Zitat aus Cole, Graham & Schluter, Michael, 2004; dieser Abschnitt beruht auf dieser Quelle.

Eine Frage, die der Relationismus stellt, ist: Wie verändert eine andere verfassungsmäßige Ordnung, wie der Föderalismus – oder negativ: eine Zentralisierung der Regierungsbeschlüsse – die menschlichen Beziehungsmuster und welchen Einfluss hat dies auf das persönliche Wohlbefinden?

Schluter glaubt, dass solche Fragen helfen werden, den Personalismus-Relationismus-Ansatz zu einem ausgereiften gesellschaftlichen Modell zu entwickeln, das die dominante Ideologie des materialistischen Kapitalismus herausfordert. Diese Herausforderung findet nicht nur auf sozialphilosophischer Ebene statt, sondern auch auf Gesetzesebene, in institutionellen Strukturen und Arbeitspraktiken, denen es Auftrieb geben würde.

Er sucht eine bedeutungsvolle, symbiotische Beziehung zwischen dem personalistischen Gedanken und dem Relationismus. Er glaubt, dass Relationismus die nötige Dynamik liefert, um den Personalismus in ein schlüssiges politisches und wirtschaftliches System zu überführen.

Ich für meinen Teil, bin einer von denen, die eine wachsende Überzeugung dafür haben, dass Relationismus eine „Große Idee" ist, die Europa Hoffnung bietet.

VI. Welche Modelle beeinflussen den Dialog über Europas Zukunft?

In seiner Ansprache an das Europäische Forum Nationaler Laienkomitees (ELF), das im Juli 2008 in Bratislava tagte, identifizierte Dr. Léonce Bekemans[53] drei Modelle, die das Nachdenken über Europas zukünftige Identität formen können.

1. Das Europa der Kultur oder „Familie der Nationen":
Kommunitaristen betonen die gemeinsame Geschichte und Kultur. Die Europäische Identität bildete sich aus gemeinsamen Be-

---

[53] Léonce Bekemans ist an der Universität Padua Inhaber des Jean-Monnet-Lehrstuhls für Globalisierung, interkulturellen Dialog und Integration in Europa.

wegungen der Religion und Philosophie, Politik, Wissenschaft und der Kunst, so argumentieren sie. Diese Sichtweise neigt dazu, die Türkei auszuschließen und ein stärkeres Bewusstsein der christlichen (oder jüdisch-christlichen) Tradition zu fordern. Der Begriff „Einheit in Vielfalt" bezieht sich auf Europa als eine „Familie der Nationen". Wenn man betont, dass Europas Grenzen schnell definiert werden sollten, könnte dies zu einer Form von „Euro-Nationalismus" und exklusiven Strategien innerhalb der europäischen Gesellschaften führen.

2. *Das Europa der Bürger oder „konstitutioneller Patriotismus":*
Liberale und Republikaner plädieren für eine bürgerliche Identität, eine gemeinsame politische Kultur. Sie soll auf universellen Prinzipien, wie Demokratie, Menschenrechte, Rechtsstaatlichkeit usw., basieren. Jürgen Habermas glaubt, dass Bürger nicht durch eine gemeinsame, kulturelle Identität definiert werden sollten, sondern durch einige konstitutionelle Prinzipien, die ihre Rechte und Freiheiten vollständig sichern. Kulturelle Identitäten, religiöse Glaubensüberzeugungen etc. sollten auf den privaten Bereich beschränkt sein (dies hilft, die französische Haltung zu Gott und Religion in der Europäischen Verfassung zu erklären). Sie argumentieren, dass europäische Identität aus gemeinsamem politischen und bürgerlichen Handeln, zivilen Gesellschaftsorganisationen und starken EU-Institutionen entstehen würde.

3. *Europa als Raum der Begegnungen:*
Die *Konstruktivisten* argumentieren, dass sich die „europäische Identität" als Folge von vermehrtem, zivilem, politischem und kulturellem Austausch herauskristallisieren wird. Für sie entwickeln sich Erkenntnis und Sinn aus Erfahrung, nicht aus Ideologie oder Offenbarung. So würde sich die „europäische Identität" durch Beziehungen mit anderen fortlaufend neu definieren. „Vereint in Vielfalt" schließt die Anteilnahme an gemeinsamen politischen und kulturellen Gebräuchen ein. Es wäre falsch und unmöglich, die Grenzen der EU bindend festzulegen.

Was sind also, gemäß Bekeman, die Bausteine einer christlichen Vision für ein pluralistisches Europa?

Er stellt drei Grundkomponenten fest:
- *Vielfalt in Einheit:* beinhaltet Hingabe und Akzeptanz des Subsidiaritätsprinzips; auch des Respekts für den anderen, für Vielfalt, Menschenwürde, etc.
- *Unterscheidung zwischen Zeitlichem und Geistlichem:* aber mit dem Verständnis, dass Glauben soziales Engagement unterstützt.
- *Bescheidenheit:* Es gibt in einem Veränderungsprozess keine vorgefertigten Antworten. Bekeman betont jedoch, dass Kirchen und das Christentum für Europas Zukunft eine lebenswichtige Rolle spielen.

VII. Was können wir tun, um Schumans vergessenes Erbe wieder zu gewinnen?

Für entscheidende Ereignisse unserer Geschichte sind besondere Gedenktage wichtig. Viele Nationen in Europa haben im Mai öffentliche Feiertage und Zeremonien, um ihrer Gefallenen der Kriege zu gedenken und ihre Befreiung oder ihren Sieg zu feiern.

Der 9. Mai wird seit 1985 als Europatag gefeiert, um anzuerkennen, dass die Schuman-Deklaration der erste konkrete Schritt einer langen Reise in Richtung einer „immer engeren Union" der europäischen Völker wurde. Besonders in den EU-Institutionen, wie auch in einigen Ländern, wird der 9.Mai oft als Schuman-Tag bezeichnet. Dieser Tag wird in den meisten EU-Mitgliedsstaaten und sogar in der Türkei und anderen umliegenden Ländern in aller Form beachtet. Großbritannien mit seiner Geschichte des Euroskeptizismus ist dabei die große Ausnahme.

Allerdings hallt dieser Tag im Herzen des Durchschnittseuropäers noch nicht so nach, wie die Feiern anlässlich der Befreiung und dem Gedenken an die Kriegstoten. Den Frieden zu gewinnen ist noch kein Thema für die öffentliche Vorstellungskraft.

Ein praktischer Grund dafür liegt natürlich darin, dass die ersten Tage im Mai mit anderen Feierlichkeiten und Gedenkveranstaltungen überfüllt sind. Der normale Tagesablauf wird in dieser

Jahreszeit durch andere Feiertage und Feste wie Ostern, Himmelfahrt, Pfingsten und den Ersten Mai unterbrochen.

Ein weiterer Grund ist, dass die Leute die Geschichte einfach nicht kennen. Sie wird in der Schule kaum gelehrt. Keines meiner Kinder oder ihre Ehepartner hörte diese Geschichte während ihrer dreistufigen Ausbildung mit europäischen Universitätsabschlüssen – außer in einer achtlos dahingeworfenen Fußnote.

Wenn es aber wahr ist, dass die Schuman-Deklaration, wie wir festgestellt haben, *der* entscheidende Moment für das moderne Europa war, dann hat dieser Tag mehr Aufmerksamkeit verdient. Es war ein dramatischer Durchbruch, der über Nacht die konzeptionelle Architektur für das europäische Haus schuf, in dem heute eine halbe Milliarde Europäer in Frieden zusammenleben.

Das sollte besonders für Christen gelten, die die Geschichte hinter der Geschichte kennen.

Eine naheliegende Abhilfe wäre es, diese Ereignisse in den Lehrplan für Geschichte an unseren Schulen wieder einzubringen.

Ein weiterer Schritt ist es, kreative und angemessene Wege zu entwickeln, um jährlich den Europa-Tag zu begehen, egal, ob er offiziell als Feiertag ausgewiesen ist oder nicht.

Das bedeutet nicht, dass damit alles gutgeheißen wird, wofür die EU heute steht. Ein Beispiel, den 9. Mai in das Bewusstsein der Menschen zu bringen, ist das vom „SCHUMAN CENTER FOR EUROPEAN STUDIES" jedes Jahr anlässlich des Europatages durchgeführte *„State of Europe Forum"*. Es findet jeweils in der Hauptstadt des Landes statt, das die Präsidentschaft der EU innehat.[54] Es ist unser Ziel, Gott zu danken, dass der Zusammenschluss der Völker Europas seinen Mitgliedsstaaten sechzig Jahre lang Frieden eingebracht hat. Ebenso wollen wir uns an die Vision und die Werte der Gründer erinnern, die gegenwärtige Wirklichkeit der EU im Licht dieser Werte beurteilen und fragen, wie die Vision und ihre Werte gefördert werden können[55].

Es ist eine Gelegenheit, kritische Fragen zu stellen und besorgniserregende Themen anzusprechen. Gleichzeitig möchten wir

---

[54] 2011: Budapest, 2012: Kopenhagen, 2013: Dublin, 2014: Athen, ...
[55] siehe www.schumancentre.eu

uns fragen, wie wir Christi Gebot, „den Nächsten zu lieben wie sich selbst", innerhalb der Gemeinschaft der europäischen Völker besser ausleben können.

Möge Gott uns den Mut und die Gnade geben, dieses Erbe und die Werte, die es uns lehrt, auszuleben.

Europas Zukunft hängt davon ab.

7. Anlagen

I. Die Schuman-Erklärung vom 9. Mai 1950[56]

Der Friede der Welt kann nicht gewahrt werden ohne schöpferische Anstrengungen, die der Größe der Bedrohung entsprechen. Der Beitrag, den ein organisiertes und lebendiges Europa für die Zivilisation leisten kann, ist unerlässlich für die Aufrechterhaltung friedlicher Beziehungen. Frankreich, das sich seit mehr als zwanzig Jahren zum Vorkämpfer eines Vereinten Europas macht, hat immer als wesentliches Ziel gehabt, dem Frieden zu dienen. Europa ist nicht zustande gekommen, wir haben den Krieg gehabt.

Europa lässt sich nicht mit einem Schlag herstellen und auch nicht durch nur einen Plan. Es wird durch konkrete Tatsachen entstehen, die zunächst eine Solidarität der Tat schaffen. Die Vereinigung der europäischen Nationen erfordert, dass der Jahrhunderte alte Gegensatz zwischen Frankreich und Deutschland beseitigt wird. Jede unternommene Aktion muss in erster Linie diese zwei Länder betreffen.

Zu diesem Zweck schlägt die französische Regierung vor, in einem begrenzten, doch entscheidenden Punkt sofort zur Tat zu schreiten.

„*Die französische Regierung schlägt vor, die Gesamtheit der französisch-deutschen Kohle- und Stahlproduktion einer gemeinsamen Hohen Behörde zu unterstellen, in einer Organisation, die den anderen europäischen Ländern zum Beitritt offensteht.*"

Die Zusammenlegung der Kohle- und Stahlproduktion sollte sofort die Schaffung gemeinsamer Grundlagen für die wirtschaftliche Entwicklung sichern – die erste Etappe der europäischen Föderation – und die Bestimmung jener Gebiete ändern, die lan-

---

[56] http://europa.eu/about-eu/basic-information/symbols/europe-day/schuman-declaration/index_de.htm; Absätze, Hervorhebungen und Auswahl nach dem englischen Original.

ge Zeit der Herstellung von Waffen gewidmet waren, deren sicherste Opfer sie gewesen sind.

Die Solidarität der Produktion, die so geschaffen wird, wird bekundet, dass jeder Krieg zwischen Frankreich und Deutschland nicht nur undenkbar, sondern materiell unmöglich ist. Die Schaffung dieser mächtigen Produktionsgemeinschaft, die allen Ländern offensteht, die daran teilnehmen wollen, mit dem Zweck, allen Ländern, die sie umfasst, die notwendigen Grundstoffe für ihre industrielle Produktion zu gleichen Bedingungen zu liefern, wird die realen Fundamente zu ihrer wirtschaftlichen Vereinigung legen.

Diese Produktion wird der gesamten Welt ohne Unterschied und Ausnahme zur Verfügung gestellt werden, um zur Hebung des Lebensstandards und zur Förderung der Werke des Friedens beizutragen. Europa wird dann mit vermehrten Mitteln die Verwirklichung einer seiner wesentlichsten Aufgaben verfolgen können: die Entwicklung des afrikanischen Erdteils.

So wird einfach und rasch die Zusammenfassung der Interessen verwirklicht, die für die Schaffung einer Wirtschaftsgemeinschaft unerlässlich ist und das Ferment einer weiteren und tieferen Gemeinschaft der Länder einschließt, die lange Zeit durch blutige Fehden getrennt waren.

Durch die Zusammenlegung der Grundindustrien und die Errichtung einer neuen Hohen Behörde, deren Entscheidungen für Frankreich, Deutschland und die anderen teilnehmenden Länder bindend sein werden, wird dieser Vorschlag den ersten Grundstein einer europäischen Föderation bilden, die zur Bewahrung des Friedens unerlässlich ist.

II. Zurück zu den Wurzeln, der Zukunft zuliebe

von Evert Jan Ouweneel

Vor mehr als sechzig Jahren, am 9. Mai 1950, schlug der französische Außenminister, Robert Schuman, seinem deutschen Kollegen, Konrad Adenauer vor, dass ihre beiden Länder zusammen eine Europäische Montanunion bilden sollten. Sie sollten andere europäische Länder einladen, sich ihnen anzuschließen und ihre Kohle- und Stahlindustrien unter eine supranationale Aufsicht zu stellen. Das Ziel war, „den Krieg nicht nur undenkbar, sondern materiell unmöglich zu machen".

Schumans Vorschlag war ein erster kühner Schritt in Richtung der Europäischen Union, wie wir sie heute kennen. Schuman wurde als „Vater Europas" bekannt. Wenige werden jedoch wissen, dass Schuman Europa nicht nur als einen Nachkriegskontinent sah, sondern auch als eine Gemeinschaft von Völkern, die tief in christlichen Werten verwurzelt ist. In seiner Korrespondenz mit Adenauer sprachen die beiden tief gläubigen Männer von der fügungshaften Gelegenheit, die ihnen gegeben wurde, um Europa auf christlichen Grundlagen wieder aufzubauen.

In den letzten Jahrzehnten ist Europa deutlich von dieser Vision abgewichen. Vor ein paar Jahren hat sich die Situation sogar so gewendet, dass es wahrscheinlich wurde, dass jede Erwähnung christlicher Wurzeln in der vorgeschlagenen EU-Verfassung verboten werden sollte.

Wie reagieren wir als Christen darauf? Sollten wir Schumans Vision aufgeben? Können Europas angesehenste Werte – Gleichheit, Solidarität, Freiheit und Frieden – entchristianisiert werden, ohne dass sie an Stärke und Bedeutung verlieren?

In diesem Essay möchte ich ausführen, dass Europa ganz sicher einen Preis dafür bezahlt hat, dass es seine Grundwerte von ihren christlichen Wurzeln abgetrennt hat. Würde und Solidarität wurden zu hohlen Begriffe, Freiheit und Frieden leiden an „imperialer Überdehnung"[57]. Ich betrachte dies jedoch weniger

---

[57] „imperial overstretch" nach Paul Kennedy in „The Rise and Fall of the Great Powers"

als Tragödie, sondern eher als Gelegenheit, die es gilt, zu ergreifen. Wenn ich die Werte Gleichheit, Solidarität, Freiheit und Frieden betrachte, sehe ich so viele Möglichkeiten für den christlichen Glauben, wieder seinen grundlegenden Beitrag für die europäische Gesellschaft zu leisten. Ich erwarte sicher nicht und wünsche es auch nicht, dass die alten Tage des kulturellen Christentums in Europa wiederkehren. Die Verkleinerung des europäischen Christentums ist in sich eine Gelegenheit. Es gibt keinen Grund, bezüglich der christlichen Wurzeln von Europas wichtigsten Werten, schüchtern zu sein.

Gleichheit als göttliche Gnade
Es waren ursprünglich die Hebräer, die glaubten, dass nur ein einziger Gott unserer Anbetung würdig ist und dass keine Kreatur im Himmel und auf der Erde an seiner Stelle verehrt werden sollte. Zu biblischen Zeiten wurden die meisten Herrscher des Nahen Ostens wie Götter behandelt und angebetet; dagegen nahmen die Hebräer ihre Könige mit all ihrer Schwachheit und Unvollkommenheit wahr. Gerade wegen der Schwächen von Königen wie David und Salomon bewahrten die Hebräer ihre Hoffnung auf den einen wahren Gott.

Jahrhunderte später sprach Jesus von Gott, der seine Sonne über bösen und guten Menschen aufgehen lässt und der seinen Regen den Gerechten und den Ungererechten schickt (Matthäus 5,45). Alle sind gleich abhängig von Gottes Gnade! Die ersten Christen verinnerlichten dieses Bewusstsein und weigerten sich, den römischen Kaiser als Gott zu verehren. Wie Daniel wurden sie in eine Löwengrube geworfen, weil sie an die Gleichheit der Menschen glaubten. Im Gegensatz zu Daniel haben sie für ihren Glauben mit ihrem Leben bezahlt. Jahrhunderte später ebnete die Idee der Gleichheit der Menschen den Weg für das Aufkommen demokratischen Denkens im modernen Europa. Anstatt jedoch dabei zu bleiben, dass der Mensch dadurch Würde verliehen bekommt, dass er von Gott geliebt und versorgt wird, begannen die Philosophen zu betonen, dass die Würde des Menschen in der Fähigkeit besteht, danach zu handeln, was wahr und richtig ist. Die Menschenwürde wurde aus dem Zusammenhang der Beziehung herausgetrennt und dafür mit menschlicher Fähigkeit verbunden.

Und jetzt, weitere Jahrhunderte später, sind wir in Schwierigkeiten. Wenn wir auf unsere Geschichte voller Gewalt, voller Unterdrückung und ideologischer Zusammenbrüche zurückschauen, haben wir große Probleme damit, die menschliche Rasse dafür zu loben, dass sie die richtigen Entscheidungen trifft. Die Folge war, dass unsere Vorstellung von Würde ausgehöhlt wurde. Viele versuchen sie zu retten, indem sie die menschliche Fähigkeit betonen, freie Entscheidungen treffen zu können. Aber wenn unsere Würde nur auf unserer Fähigkeit beruht, für uns selbst zu wählen, unabhängig von dem Wert unserer Entscheidungen und gleichgültig was andere wählen, sind wir einsame Kreaturen und kaum von einem Affen zu unterscheiden, der auch die Fähigkeit besitzt, zu wählen.

Hier liegt eine ungeheuer große Gelegenheit für den christlichen Glauben, einen entscheidenden Beitrag für die europäische Gesellschaft zu leisten. Die postmoderne Enttäuschung über die Fähigkeit des Menschen ist ein ausgezeichneter Ausgangspunkt, um wieder den christlichen Gedanken zu übernehmen, dass Menschenwürde nicht auf menschlicher Stärke, sondern auf menschlicher Schwäche aufgebaut ist. Die frohe Botschaft besagt genau das: Alle sind von Gottes Gnade gleichermaßen abhängig und können gleichermaßen aus ihr ihren Nutzen ziehen.

Solidarität als Pflicht der Familie
In den Weltreichen von Konstantin, Karl dem Großen und im Deutschland des späten Mittelalters wurde der christliche Glaube als eine entscheidende Quelle der Einheit angesehen. Alle diese Weltreiche waren vereinigt durch eine, vom Kaiser geführte, aristokratische und eine, vom Papst geführte, religiöse Institution. Die eine „katholische" (universale) Kirche wurde als Ausdruck der *einen* Familie Gottes angesehen. Glaube wurde nicht als persönliche Angelegenheit betrachtet, sondern als etwas, das die Menschen zu Brüdern und Schwestern macht und sie auf Lebenszeit vereint.

Ein Christ zu sein, bedeutete die Übereinstimmung mit einer „heiligen Ordnung", die im Allgemeinen mit der politischen

Ordnung einer Nation übereinstimmte. Die Kirchenzugehörigkeit war nicht so sehr eine Angelegenheit der persönlichen freien Wahl, sondern in erster Linie eine Angelegenheit von Loyalität und Solidarität mit dem Volk, in das man hineingeboren wurde. Auch wenn wir das vielleicht nicht gut finden, hatte es jahrhundertelang einen großen Vorteil: Da die Mitgliedschaft in der Kirche eine nationale Angelegenheit war, war auch die Solidarität eine nationale Angelegenheit.

Schon im achten Jahrhundert befahl Karl der Große seinen Untertanen, der Kirche den Zehnten zu bezahlen, damit sich die Kirche als nationale Einrichtung um die Bedürftigsten in der Gesellschaft kümmern konnte. Vom 16. Jahrhundert an, wurden auch protestantische Kirchen – wie die Lutherischen Landeskirchen, die Kirche Englands und die Holländische Reformierte Kirche – nationale Kirchen. Seit dieser Zeit blieb die Wohltätigkeit vorwiegend ein Anliegen nationaler Kirchen.

Diese nationale und institutionelle Solidarität verschwand nicht, nachdem Europa von der Säkularisation getroffen wurde. Nur die Art der Institution änderte sich: Nach dem Zweiten Weltkrieg betrachtete sich der Staat selbst als in erster Linie für die Wohlfahrt seiner Bürger verantwortlich. Diese Situation blieb einige Jahrzehnte so, bis sich der Wohlfahrtsstaat als zu teuer erwies und in mancher Beziehung nicht ausreichend für bedürftige Menschen. Europa begann sich dahingehend zu verändern, dass die Zivilgesellschaft eine bedeutendere Rolle einnahm.

Und jetzt sind wir in Schwierigkeiten. Schon zur Zeit der französischen Revolution versuchte man den Begriff der Brüderlichkeit von seinem religiösen Umfeld zu befreien und ihn zu einem politischen Begriff zu machen, indem man sich auf die Teilnehmer eines gesellschaftlichen Vertrags bezog. Anstatt unter einem himmlischen Vater und einem König vereint zu sein, wurde das Volk durch einen freien Vertrag vereinigt. Solidarität wurde von der alten Verbindlichkeit der Familie abgetrennt und stattdessen mit dem freien Willen verbunden.

Aber was tun in einer Gesellschaft, in der viele die Bereitschaft verloren haben, Solidarität zu zeigen, wenn diese mehr bedeutet als sich nicht gegenseitig zu stören? Wie der Begriff der Würde, ist auch der Begriff Solidarität ausgehöhlt worden: Wir „befreiten" den Begriff der Brüderlichkeit von den Pflichten der Familie, die mit ihm zusammenhängen. Anstelle einer Solidarität, die mit der „heiligen Ordnung" des Familienlebens verbunden ist, begannen wir die „Brüderlichkeit" zu feiern, indem wir dem schrankenlosen Individualismus nachgaben.

Dies ist eine weitere Gelegenheit für den christlichen Glauben, einen wesentlichen Beitrag zur europäischen Gesellschaft zu leisten. Es ist klar, dass wir nicht zu den Zeiten der nationalen Kirchen zurückkehren können. Stattdessen sollten wir uns an Paulus' Worte aus Apostelgeschichte 17 erinnern. Als er vor dem Aeropag stand, sagte er: „Gott gibt selber jedermann Leben und Odem und alles ... Denn in ihm leben, weben und sind wir; wie auch einige Dichter bei euch gesagt haben: Wir sind seines Geschlechts."

Der Begriff der Solidarität kann mit dem christlichen Glauben solide begründet werden, nach welchem alle Menschen den gleichen Ursprung haben und deshalb als Brüder und Schwestern in der heiligen Ordnung einer, von Gott gegebenen, Familie vereinigt sind. Innerhalb dieser weltweiten Familie sind einige dahin gekommen, den Einen, mit dem sie leben, als „Abba! Vater!" zu erkennen (Galater 4,6). Genau das beinhaltet die frohe Botschaft: Eines Tages (wenn nicht schon heute) wird die ganze Schöpfung von der Solidarität profitieren, die diese „Kinder Gottes" (Römer 8,19) zum Ausdruck bringen.

Freiheit als eine Sache der Gemeinschaft
Das Christentum gab den Ton bei Europas Wertschätzung von Gleichheit, Solidarität und Freiheit an. Luther war einer der ersten, die dafür gekämpft haben, dass der Glaube zuerst eine Angelegenheit des Herzens ist und dass jeder zuerst seinem eigenen Gewissen folgen sollte. Was er als *Glaubensfreiheit* verteidigte, würde sich langsam – sehr langsam – zu einem der grundlegendsten Werte der europäischen Gesellschaft entwickeln. Aber Luther trennte nie die Freiheit im Glauben von einer Gemeinschaft des Glaubens. Er wusste sehr gut, dass die Annahme eines eigenen Glaubens eine individuelle Angelegenheit ist, der Glaube selbst aber nicht! Wir brauchen eine Gemeinschaft des Glaubens um zu erkennen, welchen Glauben wir annehmen sollen und wie

wir ihn als unseren Glauben bewahren sollen. Ohne eine Gruppe, die mit uns gemeinsam glaubt, werden wir uns eines Tages fragen: Warum sollte ich noch glauben, wenn ich doch der einzige bin?

Im 18. und 19. Jahrhundert brachte die Betonung der persönlichen Überzeugung die Entdeckung der individuellen Authentizität hervor: „nicht mehr sein eigenes (moralisches) Empfinden zu vernachlässigen", sondern „sich auf seine eigene Art auszudrücken". Gleichzeitig mit der Romantik kamen evangelikale Bewegungen auf, die sich eine mehr gefühlsmäßige Interpretation aneigneten, dem eigenen Gewissen zu folgen. Gegen Ende des 19. Jahrhunderts wurde Authentizität mit der einzigartigen Identität des Einzelnen in Verbindung gebracht. „Du selbst sein" wurde verbunden mit „originell sein".

Das alles hatte, sowohl auf das gesellschaftliche Leben als auch auf das christliche, eine bereichernde Wirkung, doch nach einer Weile erzeugte es auch Misstrauen gegenüber der Tradition, einschließlich kirchlicher Einrichtungen, Lehre und Liturgie. Immer mehr Menschen begannen, das traditionelle Christentum als ein Hindernis für Authentizität anzusehen. Besonders die alten Volkskirchen mit dem ältesten Erbe und der strengsten Hierarchie wurden gleichgesetzt mit unpersönlichem, aufdringlichem und einengendem Konservativismus. Nach dem Zweiten Weltkrieg verließen große Mengen von Europäern die Kirchen und begannen, ihrem eigenen geistlichen Pfad durch das Leben zu folgen.

Und nun sind wir wieder in Schwierigkeiten. Zuerst schien es so befreiend, die Machtstrukturen des Christentums zu verlassen und seinem eigenen Herzen zu folgen. Aber es stellte sich heraus, dass das alles zu einer einsamen und orientierungslosen Reise wird, wenn man ohne geistliche Tradition und ohne andere Gläubige in der Freiheit des Glaubens handelt. Viele gebildete Europäer suchten Zuflucht in östlichen spirituellen Traditionen. Viele andere blieben jedoch heimatlos, und neue Generationen wurden ohne Kompass oder Gemeinschaft erzogen. Dies führte in der europäischen Gesellschaft zu zwei Hauptproblemen: soziale Isolation unter älteren Leuten und geistliche Orientierungslosigkeit unter jüngeren Menschen.

Wir können unseren eigenen Glauben nicht erfinden. Wie sich unser Herz auch nach geistlichen Antworten sehnt, es ist immer die Geschichte, die Antworten liefert und die Gesellschaft, die sie bewahrt. Ob wir wollen oder nicht: Historizität, Gemeinschaftlichkeit und Altersweisheit sind immer noch die Schlüsseleigenschaften eines überzeugenden und beständigen Glaubens.

Hierin liegt eine dritte Gelegenheit für den christlichen Glauben, seinen lebenswichtigen Beitrag für die europäische Gesellschaft zu leisten. Um diese Gelegenheit zu ergreifen, muss die Christenheit ihre eigenen individualistischen Neigungen aufgeben, sich dem Rest Europas anschließen und dessen eigene „christliche Wurzeln" wiederentdecken. Wenn wir dazu aufgerufen sind, „alle Völker zu Jüngern zu machen" (Matthäus 28,19) und „Buße zur Vergebung der Sünden unter allen Völkern zu predigen" (Lukas 24,47), liegt die Betonung nicht auf den Einzelnen, sondern auf den Gemeinschaften. Wir sind dazu gerufen, um des Einzelnen Willen, Glaubensgemeinschaften zu ermutigen und zu unterstützen!

Zu einer Zeit, in der die individuelle Entscheidung unter „imperialer Überdehnung" leidet, ist die frohe Botschaft genau diese: Freiheit ist kein einsames Abenteuer, sondern ein Segen, der in der Gemeinschaft wohnt. Am Ende wird der Glaube nur in einem Leib aufblühen, in dem die Arme, Beine, Knie und Hände einander unterstützen und ergänzen.

Friede als Fülle des Lebens
In der Bibel steht das Wort „Schalom" für Frieden in Vollendung. Es umfasst Ganzheit, Gesundheit, Wohlfahrt, Sicherheit, Unversehrtheit, Ruhe, Wohlstand, Erholung, Harmonie und die Abwesenheit von Aufregung oder Zwietracht. Im christlichen Glauben ist klar, dass Menschen nicht fähig sind, eine solche Fülle des Lebens aus sich selbst heraus zu erreichen. Schalom steht deshalb immer in Verbindung mit Gottes Gnade, genau wie es in 4. Mose 6,24–26 beschrieben ist: *„Der HERR segne dich und behüte dich; der HERR lasse sein Angesicht leuchten über dir und sei dir gnädig; der HERR hebe sein Angesicht über dich und gebe dir Frieden."*

In den rauen Zeiten des Mittelalters diente die Kirche als heiliger Zufluchtsort, wo Gottes Schalom inmitten von Tod, Krankheit, Hunger und Armut erfahren werden konnte. Göttliche Majestät war wie ein Gegenpol zum täglichen Elend.

In den darauf folgenden Jahrhunderten änderte sich dies grundlegend. Das tägliche Leben, besonders im Nordwesten Europas, verbesserte sich, und die Leute gewannen den Eindruck, dass sie ihr eigenes Leben besser bestimmen konnten. Die Wissenschaft konzentrierte sich darauf, die allgemeine Gesundheit zu verbessern, und das wirtschaftliche Leben darauf, den Wohlstand zu vergrößern. Sogar das Streben nach globalem Fortschritt wurde zum moralischen Imperativ in Europa. Man verband den Begriff „Schalom" mit menschlicher Fähigkeit. Gottes Bestreben der „Wiederherstellung aller Dinge" (Apostelgeschichte 3,21) wurde als weltweiter Aufruf an die Menschheit übersetzt.

In wenigen Jahrhunderten wurde jedoch der europäische Ruf nach Fortschritt von dem Gedanken losgelöst, dass wahrer Friede zuerst und letztlich ein Ausdruck von Gottes Gnade ist. Und während Europa viele Fortschritte auf den Gebieten Gesundheit und Wohlstand machte, gab es gleichzeitig auf diesem Kontinent der Erde die meiste Gewaltanwendung. Als das Schießpulver kam, sprengte dieses wortwörtlich das feudale System und brachte in Europa Anarchie hervor. Vom 15. bis zum 20. Jahrhundert konnten weder ein Papst, noch ein König den Kontinent steuern und eine neue Pax Romana verwirklichen. Europa konnte dem Blutvergießen nicht entkommen – nicht nur auf dem eigenen Kontinent, sondern in jedem Winkel der Erde.

Als Europa die Welt eroberte, dachte es, dass Gott auf seiner Seite sei. Aber Gott weinte wegen der Unterdrückten und griff nicht ein als Europa sich in der ersten Hälfte des 20. Jahrhunderts selbst zerstörte. Erst nachdem es sich selbst in einen totalen – moralischen, politischen, wirtschaftlichen und spirituellen – Bankrott gebracht hatte, schaltete Europa auf Plan B um: eine Gemeinschaft von Völkern, die in Gleichheit, Solidarität, Freiheit und Frieden leben.

Zuerst war das Ziel wirtschaftliche, später politische Zusammenarbeit. Nach dem Fall der Mauer 1989 schlossen sich viele andere Staaten der Europäischen Union an. Da sie unter bürokratischer Schwerfälligkeit leidet, begann die Europäische Union nach außen hin unangenehm und unverständlich zu wirken. In den Augen vieler hatte die Idee eines vereinigten Europas ihren Charme verloren. Aber es bleibt die erstaunliche Tatsache bestehen, dass der 500 Jahre lang blutigste Kontinent der Welt, in den letzten 60 Jahren zu einem der friedlichsten Kontinente wurde. Zum ersten Mal seit vielen Jahrhunderten beschäftigt sich Europa damit, den Frieden zu erhalten, anstatt damit, sich auf Krieg vorzubereiten.

Im Rückblick ist das Gesamtergebnis phänomenal. Und doch muss Europa, als eine unter vielen „Provinzen" in der Welt, neuen Herausforderungen begegnen. Das europäische Wertesystem wird durch globale Themen schwer geprüft: Armut, Migration, Pandemien, Klimawandel, globaler Terrorismus, internationale Kriminalität, Atomwaffen, eine Energiekrise, wirtschaftliche Krise und Ernährungskrise. Angesichts dieser weltweiten Themen ist Europa wieder mit der Schwierigkeit konfrontiert, gemäß seiner eigenen Werte zu leben. Wie die Freiheit, so leidet auch unser Wert des Friedens unter „imperialer Überdehnung".

Ein weiteres Mal erhalten wir die Gelegenheit, den christlichen Glauben mit seinem lebenswichtigen Beitrag für die europäische Gesellschaft einzubringen und seine Wichtigkeit unter Beweis zu stellen. Wir brauchen immer noch einen heiligen Zufluchtsort, wo wir Gottes Schalom erfahren können – inmitten von Versagen und globalem Leiden. Wir brauchen immer noch Gottes Majestät als Gegenpol zum Elend unserer inneren und der uns umgebenden Welt. Und wir brauchen immer noch einen Messias, der all die Schwierigkeiten überwinden kann, die wir nicht überwinden können.

Deshalb können einige Christen einfach nicht damit aufhören, die letzten Worte der Bibel zu wiederholen: „Komm, Herr Jesus. Die Gnade des Herrn Jesus sei mit allen." Denn wann immer sie sich nach einer gerechten und blühenden Welt sehnen und enttäuscht darüber sind, dass der Mensch nicht fähig ist, diese zustande zu bringen, klammern sie sich an die frohe Nachricht, dass eines Tages unter der Führung Christi die ganze Welt die wahre Bedeutung von Gleichheit, Solidarität, Freiheit und Frieden erfahren wird.

Evert Jan Ouweneel ist ein niederländischer Philosoph und Berater der Corporate Identity der europäischen Büros von World Vision. Er trug am 9. Mai 2010 eine Version dieses Textes in der Kapelle der Auferstehung in Brüssel bei dem Gottesdienst vor, der dem Gedenken an den 60. Jahrestag der Schuman-Erklärung gewidmet war.

7. *Anlagen* 121

III. Die Europäische Menschenrechtskonvention

Formal ist die KONVENTION ZUM SCHUTZ VON MENSCHENRECHTEN UND GRUNDLEGENDEN FREIHEITEN, DIE EUROPÄISCHE MENSCHENRECHTSKONVENTION (EMRK) ein internationaler Vertrag um die Menschenrechte und fundamentale Freiheiten in Europa zu schützen, indem sie gesetzliche Regeln, Menschenrechte, die demokratische Entwicklung, die Rolle der Rechtssprechung und kulturelle Zusammenarbeit betont.

Die EMRK begann 1950 mit 10 Mitgliedsstaaten und hat jetzt 47 Mitgliedsstaaten mit etwa 800 Millionen Bürgern. Sie wurde 1950 durch den damals entstehenden Europarat entworfen, die Konvention wurde am 3. September 1953 in Kraft gesetzt.

Die Konvention begründete den Europäischen Gerichtshof für Menschenrechte, eine wirklich innovative Besonderheit. Den Einzelnen wird eine aktive Rolle auf der internationalen Bühne gegeben, wo vorher nur Staaten als Handelnde im internationalen Recht betrachtet wurden. Die Europäische Konvention ist immer noch die einzige Übereinkunft zu internationalen Menschenrechten, die ein solch hohes Maß an persönlichem Schutz gewährleistet.

DIE FOLGENDEN 18 ARTIKEL BEZIEHEN SICH AUF MENSCHENRECHTE:

Artikel 1 – Verpflichtung zur Achtung der Menschenrechte
Die Hohen Vertragsparteien sichern allen ihrer Hoheitsgewalt unterstehenden Personen die in Abschnitt I bestimmten Rechte und Freiheiten zu.

Artikel 2 – Recht auf Leben
(1) Das Recht jedes Menschen auf Leben wird gesetzlich geschützt. Niemand darf absichtlich getötet werden, außer durch Vollstreckung eines Todesurteils, das ein Gericht wegen eines Verbrechens verhängt hat, für das die Todesstrafe gesetzlich vorgesehen ist.
(2) Eine Tötung wird nicht als Verletzung dieses Artikels betrachtet, wenn sie durch eine Gewaltanwendung verursacht wird, die unbedingt erforderlich ist, um

a) jemanden gegen rechtswidrige Gewalt zu verteidigen;
b) jemanden rechtmäßig festzunehmen oder jemanden, dem die Freiheit rechtmäßig entzogen ist, an der Flucht zu hindern;
c) einen Aufruhr oder Aufstand rechtmäßig niederzuschlagen.

Artikel 3 – Verbot der Folter
Niemand darf der Folter oder unmenschlicher oder erniedrigender Strafe oder Behandlung unterworfen werden.

Artikel 4 – Verbot der Sklaverei und der Zwangsarbeit
(1) Niemand darf in Sklaverei oder Leibeigenschaft gehalten werden.
(2) Niemand darf gezwungen werden, Zwangs- oder Pflichtarbeit zu verrichten.
(3) Nicht als Zwangs- oder Pflichtarbeit im Sinne dieses Artikels gilt
  a) eine Arbeit, die üblicherweise von einer Person verlangt wird, der unter den Voraussetzungen des Artikels 5 die Freiheit entzogen oder die bedingt entlassen worden ist;
  b) eine Dienstleistung militärischer Art oder eine Dienstleistung, die an die Stelle des im Rahmen der Wehrpflicht zu leistenden Dienstes tritt, in Ländern, wo die Dienstverweigerung aus Gewissensgründen anerkannt ist;
  c) eine Dienstleistung, die verlangt wird, wenn Notstände oder Katastrophen das Leben oder das Wohl der Gemeinschaft bedrohen;
  d) eine Arbeit oder Dienstleistung, die zu den üblichen Bürgerpflichten gehört.

Artikel 5 – Recht auf Freiheit und Sicherheit
(1) Jede Person hat das Recht auf Freiheit und Sicherheit. Die Freiheit darf nur in den folgenden Fällen und nur auf die gesetzlich vorgeschriebene Weise entzogen werden:
  a) rechtmäßige Freiheitsentziehung nach Verurteilung durch ein zuständiges Gericht;
  b) rechtmäßige Festnahme oder rechtmäßige Freiheitsentziehung wegen Nichtbefolgung einer rechtmäßigen gerichtlichen Anordnung oder zur Erzwingung der Erfüllung einer gesetzlichen Verpflichtung;
  c) rechtmäßige Festnahme oder rechtmäßige Freiheitsentziehung zur Vorführung vor die zuständige Gerichtsbehörde, wenn hinreichender Verdacht besteht, dass die betreffende Person eine

Straftat begangen hat, oder wenn begründeter Anlass zu der Annahme besteht, dass es notwendig ist, sie an der Begehung einer Straftat oder an der Flucht nach Begehung einer solchen zu hindern;
d) rechtmäßige Freiheitsentziehung bei Minderjährigen zum Zweck überwachter Erziehung oder zur Vorführung vor die zuständige Behörde;
e) rechtmäßige Freiheitsentziehung mit dem Ziel, eine Verbreitung ansteckender Krankheiten zu verhindern, sowie bei psychisch Kranken, Alkohol- oder Rauschgiftsüchtigen und Landstreichern;
f) rechtmäßige Festnahme oder rechtmäßige Freiheitsentziehung zur Verhinderung der unerlaubten Einreise sowie bei Personen, gegen die ein Ausweisungs- oder Auslieferungsverfahren im Gange ist.

(2) Jeder festgenommenen Person muss unverzüglich in einer ihr verständlichen Sprache mitgeteilt werden, welches die Gründe für ihre Festnahme sind und welche Beschuldigungen gegen sie erhoben werden.

(3) Jede Person, die nach Absatz 1 Buchstabe c von Festnahme oder Freiheitsentziehung betroffen ist, muss unverzüglich einem Richter oder einer anderen gesetzlich zur Wahrnehmung richterlicher Aufgaben ermächtigten Person vorgeführt werden; sie hat Anspruch auf ein Urteil innerhalb angemessener Frist oder auf Entlassung während des Verfahrens. Die Entlassung kann von der Leistung einer Sicherheit für das Erscheinen vor Gericht abhängig gemacht werden.

(4) Jede Person, die festgenommen oder der die Freiheit entzogen ist, hat das Recht zu beantragen, dass ein Gericht innerhalb kurzer Frist über die Rechtmäßigkeit der Freiheitsentziehung entscheidet und ihre Entlassung anordnet, wenn die Freiheitsentziehung nicht rechtmäßig ist.

(5) Jede Person, die unter Verletzung dieses Artikels von Festnahme oder Freiheitsentziehung betroffen ist, hat Anspruch auf Schadensersatz.

Artikel 6 – Recht auf ein faires Verfahren

(1) Jede Person hat ein Recht darauf, dass über Streitigkeiten in Bezug auf ihre zivilrechtlichen Ansprüche und Verpflichtungen oder über eine gegen sie erhobene strafrechtliche Anklage von einem unabhängigen und unparteiischen, auf Gesetz beruhenden Gericht in

einem fairen Verfahren, öffentlich und innerhalb angemessener Frist verhandelt wird. Das Urteil muss öffentlich verkündet werden; Presse und Öffentlichkeit können jedoch während des ganzen oder eines Teiles des Verfahrens ausgeschlossen werden, wenn dies im Interesse der Moral, der öffentlichen Ordnung oder der nationalen Sicherheit in einer demokratischen Gesellschaft liegt, wenn die Interessen von Jugendlichen oder der Schutz des Privatlebens der Prozessparteien es verlangen oder – soweit das Gericht es für unbedingt erforderlich hält – wenn unter besonderen Umständen eine öffentliche Verhandlung die Interessen der Rechtspflege beeinträchtigen würde.

(2) Jede Person, die einer Straftat angeklagt ist, gilt bis zum gesetzlichen Beweis ihrer Schuld als unschuldig.

(3) Jede angeklagte Person hat mindestens folgende Rechte:
a) innerhalb möglichst kurzer Frist in einer ihr verständlichen Sprache in allen Einzelheiten über Art und Grund der gegen sie erhobenen Beschuldigung unterrichtet zu werden;
b) ausreichende Zeit und Gelegenheit zur Vorbereitung ihrer Verteidigung zu haben;
c) sich selbst zu verteidigen, sich durch einen Verteidiger ihrer Wahl verteidigen zu lassen oder, falls ihr die Mittel zur Bezahlung fehlen, unentgeltlich den Beistand eines Verteidigers zu erhalten, wenn dies im Interesse der Rechtspflege erforderlich ist;
d) Fragen an Belastungszeugen zu stellen oder stellen zu lassen und die Ladung und Vernehmung von Entlastungszeugen unter denselben Bedingungen zu erwirken, wie sie für Belastungszeugen gelten;
e) unentgeltliche Unterstützung durch einen Dolmetscher zu erhalten, wenn sie die Verhandlungssprache des Gerichts nicht versteht oder spricht.

Artikel 7 – Keine Strafe ohne Gesetz
(1) Niemand darf wegen einer Handlung oder Unterlassung verurteilt werden, die zur Zeit ihrer Begehung nach innerstaatlichem oder internationalem Recht nicht strafbar war. Es darf auch keine schwerere als die zur Zeit der Begehung angedrohte Strafe verhängt werden.
(2) Dieser Artikel schließt nicht aus, dass jemand wegen einer Handlung oder Unterlassung verurteilt oder bestraft wird, die zur Zeit ihrer Begehung nach den von den zivilisierten Völkern anerkannten allgemeinen Rechtsgrundsätzen strafbar war.

Artikel 8 – Recht auf Achtung des Privat- und Familienlebens
(1) Jede Person hat das Recht auf Achtung ihres Privat- und Familienlebens, ihrer Wohnung und ihrer Korrespondenz.
(2) Eine Behörde darf in die Ausübung dieses Rechts nur eingreifen, soweit der Eingriff gesetzlich vorgesehen und in einer demokratischen Gesellschaft notwendig ist für die nationale oder öffentliche Sicherheit, für das wirtschaftliche Wohl des Landes, zur Aufrechterhaltung der Ordnung, zur Verhütung von Straftaten, zum Schutz der Gesundheit oder der Moral oder zum Schutz der Rechte und Freiheiten anderer.

Artikel 9 – Gedanken-, Gewissens- und Religionsfreiheit
(1) Jede Person hat das Recht auf Gedanken-, Gewissens- und Religionsfreiheit; dieses Recht umfasst die Freiheit, seine Religion oder Weltanschauung zu wechseln, und die Freiheit, seine Religion oder Weltanschauung einzeln oder gemeinsam mit anderen öffentlich oder privat durch Gottesdienst, Unterricht oder Praktizieren von Bräuchen und Riten zu bekennen.
(2) Die Freiheit, seine Religion oder Weltanschauung zu bekennen, darf nur Einschränkungen unterworfen werden, die gesetzlich vorgesehen und in einer demokratischen Gesellschaft notwendig sind für die öffentliche Sicherheit, zum Schutz der öffentlichen Ordnung, Gesundheit oder Moral oder zum Schutz der Rechte und Freiheiten anderer.

Artikel 10 – Freiheit der Meinungsäußerung
(1) Jede Person hat das Recht auf freie Meinungsäußerung. Dieses Recht schließt die Meinungsfreiheit und die Freiheit ein, Informationen und Ideen ohne behördliche Eingriffe und ohne Rücksicht auf Staatsgrenzen zu empfangen und weiterzugeben. Dieser Artikel hindert die Staaten nicht, für Hörfunk-, Fernseh- oder Kinounternehmen eine Genehmigung vorzuschreiben.
(2) Die Ausübung dieser Freiheiten ist mit Pflichten und Verantwortung verbunden; sie kann daher Formvorschriften, Bedingungen, Einschränkungen oder Strafdrohungen unterworfen werden, die gesetzlich vorgesehen und in einer demokratischen Gesellschaft notwendig sind für die nationale Sicherheit, die territoriale Unversehrtheit oder die öffentliche Sicherheit, zur Aufrechterhaltung der Ordnung oder zur Verhütung von Straftaten, zum Schutz der Gesundheit oder der Moral, zum Schutz des guten Rufes oder der

Rechte anderer, zur Verhinderung der Verbreitung vertraulicher Informationen oder zur Wahrung der Autorität und der Unparteilichkeit der Rechtsprechung.

Artikel 11 – Versammlungs- und Vereinigungsfreiheit
(1) Jede Person hat das Recht, sich frei und friedlich mit anderen zu versammeln und sich frei mit anderen zusammenzuschließen; dazu gehört auch das Recht, zum Schutz seiner Interessen Gewerkschaften zu gründen und Gewerkschaften beizutreten.

(2) Die Ausübung dieser Rechte darf nur Einschränkungen unterworfen werden, die gesetzlich vorgesehen und in einer demokratischen Gesellschaft notwendig sind für die nationale oder öffentliche Sicherheit, zur Aufrechterhaltung der Ordnung oder zur Verhütung von Straftaten, zum Schutz der Gesundheit oder der Moral oder zum Schutz der Rechte und Freiheiten anderer. Dieser Artikel steht rechtmäßigen Einschränkungen der Ausübung dieser Rechte für Angehörige der Streitkräfte, der Polizei oder der Staatsverwaltung nicht entgegen.

Artikel 12 – Recht auf Eheschließung
Männer und Frauen im heiratsfähigen Alter haben das Recht, nach den innerstaatlichen Gesetzen, welche die Ausübung dieses Rechts regeln, eine Ehe einzugehen und eine Familie zu gründen.

Artikel 13 – Recht auf wirksame Beschwerde
Jede Person, die in ihren in dieser Konvention anerkannten Rechten oder Freiheiten verletzt worden ist, hat das Recht, bei einer innerstaatlichen Instanz eine wirksame Beschwerde zu erheben, auch wenn die Verletzung von Personen begangen worden ist, die in amtlicher Eigenschaft gehandelt haben.

Artikel 14 – Diskriminierungsverbot
Der Genuss der in dieser Konvention anerkannten Rechte und Freiheiten ist ohne Diskriminierung insbesondere wegen des Geschlechts, der Rasse, der Hautfarbe, der Sprache, der Religion, der politischen oder sonstigen Anschauung, der nationalen oder sozialen Herkunft, der Zugehörigkeit zu einer nationalen Minderheit, des Vermögens, der Geburt oder eines sonstigen Status zu gewährleisten.

Artikel 15 – Abweichen im Notstandsfall

(1) Wird das Leben der Nation durch Krieg oder einen anderen öffentlichen Notstand bedroht, so kann jede Hohe Vertragspartei Maßnahmen treffen, die von den in dieser Konvention vorgesehenen Verpflichtungen abweichen, jedoch nur, soweit es die Lage unbedingt erfordert und wenn die Maßnahmen nicht im Widerspruch zu den sonstigen völkerrechtlichen Verpflichtungen der Vertragspartei stehen.

(2) Aufgrund des Absatzes 1 darf von Artikel 2 nur bei Todesfällen infolge rechtmäßiger Kriegshandlungen und von Artikel 3, Artikel 4 (Absatz 1) und Artikel 7 in keinem Fall abgewichen werden.

(3) Jede Hohe Vertragspartei, die dieses Recht auf Abweichung ausübt, unterrichtet den Generalsekretär des Europarats umfassend über die getroffenen Maßnahmen und deren Gründe. Sie unterrichtet den Generalsekretär des Europarats auch über den Zeitpunkt, zu dem diese Maßnahmen außer Kraft getreten sind und die Konvention wieder volle Anwendung findet.

Artikel 16 – Beschränkungen der politischen Tätigkeit ausländischer Personen

Die Artikel 10, 11 und 14 sind nicht so auszulegen, als untersagten sie den Hohen Vertragsparteien, die politische Tätigkeit ausländischer Personen zu beschränken.

Artikel 17 – Verbot des Missbrauchs der Rechte

Diese Konvention ist nicht so auszulegen, als begründe sie für einen Staat, eine Gruppe oder eine Person das Recht, eine Tätigkeit auszuüben oder eine Handlung vorzunehmen, die darauf abzielt, die in der Konvention festgelegten Rechte und Freiheiten abzuschaffen oder sie stärker einzuschränken, als es in der Konvention vorgesehen ist.

Artikel 18 – Begrenzung der Rechtseinschränkungen

Die nach dieser Konvention zulässigen Einschränkungen der genannten Rechte und Freiheiten dürfen nur zu den vorgesehenen Zwecken erfolgen.

Quelle: http://dejure.org/gesetze/MRK/1.html (insgesamt 54 Artikel)

IV. Die Brüsseler Erklärung von 1992

Wir, eine Gruppe evangelikaler Leiter von verschiedenen Organisationen und Gemeinden in Europa, haben an der Konsultation EUROPA 1992 teilgenommen und erklären:

1. unser Bedürfnis unsere Haltungen neu zu bewerten bezüglich des Prozesses der europäischen Einigung im allgemeinen und der Europäischen Gemeinschaft (jetzt Union) im Besonderen und unsere Teilnahmslosigkeit zu bereuen bezüglich des Engagements in diesem Prozess.
2. dass die Institution einer Regierung, ob eines einzelnen Nationalstaats oder multinational (wie Rom oder die EG/EU), ein von Gott eingesetzter Autoritätsbereich ist (Römer 13,1–7); und dass Staatsdiener und Politiker „Diener Gottes" genannt wurden (*diakonos* – Römer 13,4), und dass man ihnen gehorchen muss, wenn sie innerhalb ihrer gottgegebenen Autorität handeln.
3. dass es die erste Pflicht von uns als Christen ist, für solche Amtspersonen zu beten, sowohl in den einzelnen Ländern als auch in der EU, dass sie weise und gerecht regieren, so dass die Bedingungen eines sozial „ruhigen und stillen Lebens" die Verkündigung des Evangeliums erleichtern (1 Tim 2,1–4);
4. dass die ursprüngliche Vision der EG/EU nicht in erster Linie wirtschaftlich war, sondern eher – in Übereinstimmung mit biblischen Werten – darauf hinzielte, dass sich die kriegführenden europäischen Nationen hin zu einer echten Gemeinschaft von Völkern versöhnen und ihr „Stammesgeplänkel" ablegen;
5. dass in der realen Welt den Absichten nicht immer Ergebnisse folgen und dass verschiedene zu beachtende Gebiete ständige Begleitung brauchen:
   - die Tendenz, dass wirtschaftliche und materielle Werte den Entscheidungsprozess der EG/EU dominieren;
   - ein möglicherweise alarmierendes demokratisches Defizit in diesen Prozessen, das zum Missbrauch der Macht führen könnte;
   - die Geschwindigkeit der Entwicklungen in den vergangenen Jahren, die die Gefahr selbstherrlichen Entscheidens vermehrt;
   - die Möglichkeit, dass unbiblische Weltanschauungen die spirituellen Werte dominieren, die das neue Europa leiten werden;
6. dass wir die zahlreichen Gelegenheiten ausloten und ergreifen, die durch den Prozess der europäischen Einigung geschaffen wurden,

7. Anlagen

- für Evangelisation und Mission in Ländern, in denen die Freiheit Gottesdienste zu feiern eingeschränkt ist;
- für gemeinsames Handeln um beim Wiederaufbau der neu befreiten Länder in Mittel- und Osteuropa zu helfen;
- für evangelikale Christen, dass sie dazu helfen, den spirituellen Charakter und die Werte des sich entwickelnden neuen Europas zu formen.

7. dass Themen wie Rassismus, Nationalismus, das Aufkommen des Islam, der Zustrom von Flüchtlingen und die Umwelt die Einheit Europas und eine echte Gemeinschaft heute herausfordern, und dass ihnen nur befriedigend begegnet werden kann, wenn man von einer biblischen Perspektive ausgeht, die über Rasse, Nation und Kultur hinausgeht, die eine sichere Hoffnung anbietet, dass rivalisierende Weltanschauungen toleriert werden, eine Perspektive, die Gottes Volk zu Gastfreundschaft und Mitleid ruft und weise Haushalterschaft über die Ressourcen der Erde fordert;

8. und dass die Kraft des Evangeliums sowohl erhaltende (Salz) als auch rettende (Licht) Dimensionen hat und dass Gottes Wort auf jeden von der Sünde beeinflussten Lebensbereich angewendet werden muss, einschließlich der Politik, der Wirtschaft und der sozialen Themen.

V. Das Schuman Zentrum für europäische Studien

Das Schuman Zentrum für europäische Studien ist ein virtuelles, interdisziplinäres und internationales Zentrum der *Universität der Nationen,* die mit Institutionen zusammenarbeitet, die gemeinsame Werte und Interessen teilen. Es wurde in Brüssel am Wochenende des Europatags 2010 gegründet (am 8. und 9. Mai) und hat das Ziel, die Vision eines Europa voranzubringen, das „tief verwurzelt in christlichen Werten" ist, indem es biblische Perspektiven zu Europas Vergangenheit, Gegenwart und Zukunft sucht, durch *Kurse und Events, Studieneinheiten und Expertenkommissionen sowie Projekten und Ressourcen.* Seine Aktivitäten werden an verschiedenen europäischen Orten stattfinden.

Kurse und Events enthalten:
- *Masterclass in europäischer Studien*
- Dreimonatige *Schulen europäischer Studien,* die von der Universität der Nationen akkreditiert sind
- *Abendschulen europäischer Studien,* vierzehntägliche Lehreinheiten, die über sechs Monate verteilt sind, beginnend in Amsterdam
- Das *Forum zum „Zustand Europas",* das jährlich am Europatag, dem 9. Mai in der Hauptstadt des Landes durchgeführt wird, das die Präsidentschaft der EU innehat
- Symposien, Lehrserien, historische Führungen

Projekte und Ressourcen enthalten:
- Veröffentlichungen – Artikel, Aufsätze und Bücher um die öffentliche Meinung zu informieren;
- Eine Internetseite zu Quellen;
- Forschungszentren – in Amsterdam und anderen europäischen Orten;
- Ausstellungen zur Rolle der Bibel bei der Prägung europäischen Lebens.

Weitere Information: www.schumancentre.eu
Logistisches Büro: Zwarteweg 10, 8181PD Heerde, NL

7. Anlagen 131

Das Schuman Zentrum für europäische Studien sollte nicht mit den folgenden Institutionen verwechselt werden:

☐ **FOUNDATION ROBERT SCHUMAN / DIE ROBERT-SCHUMAN-STIFTUNG**, 1991 nach dem Fall der Berliner Mauer gegründet, ist in Paris und Brüssel eingerichtet, um europäische Werte und Ideale zu fördern, sowohl innerhalb der Grenzen der Gemeinschaft als auch darüber hinaus. Die Stiftung, die ein Grundlagen-Forschungszentrum ist, entwickelt Studien zur Europäischen Gemeinschaft und deren Strategien, indem sie diese Inhalte in Frankreich, Europa und überall in der Welt fördert. Siehe www.robert-schuman.eu

☐ **ROBERT SCHUMAN CENTRE FOR ADVANCED STUDIES (RSCAS) / DAS ROBERT-SCHUMAN-ZENTRUM FÜR WEITERFÜHRENDE STUDIEN** ist interdisziplinären, vergleichenden und strategischen Forschungen über die wichtigsten Angelegenheiten des europäischen Einigungsprozesses gewidmet. Das RSCAS wurde 1992 begonnen als ein Zentrum des European University Institute in San Domenico, Fiesole bei Florenz, Italien, um interdisziplinäre und vergleichende Forschung zu entwickeln und die Bearbeitung der wichtigsten Gebiete zu fördern, die den Integrationsprozess und die europäische Gesellschaft betreffen. Siehe www.eui.eu/Departments AndCentres/RobertSchumanCentre/Index.aspx

☐ **CENTRE D'ÉTUDES ET DE RECHERCHES EUROPÉENNES ROBERT SCHUMAN (CERE) / DAS ROBERT-SCHUMAN-ZENTRUM FÜR EUROPÄISCHE STUDIEN UND FORSCHUNGEN**, das in Luxemburg zuhause ist, wurde 1990 gegründet um die Kenntnis der Geschichte der europäischen Einigung zu fördern. Siehe www.cere.etat.lu

☐ **CENTRE FOR EUROPEAN STUDIES / DAS ZENTRUM FÜR EUROPÄISCHE STUDIEN** ist eine in Brüssel beheimatete Expertenkommission, die sich der Förderung intellektueller Freiheit widmet, indem sie das Bewusstsein für EU-Politik hebt und deren Wachstum erleichtert, und zwar aus der Perspektive der Ideologien und der wichtigsten Werte der European Peoples Party (EPP) und deren mitte-rechts orientierten Partnern. Siehe www.thinkingeurope.eu

Literatur

Ashcroft, John & Schluter, Michael, Hrsg.: *The Jubilee Manifesto*, IVP2005

Benedikt XVI: *St Paul-Generalaudienzen 2. Jul. 2008 bis 4. Feb. 2009*, Ignatius Press, 2009

Bond, Martyn; Smith, Julie & Wallace, William, Hrsg.: *Eminent Europeans*, Greycoat Press, 1996

Catherwood, Sir Fred: *Pro-Europe?* IVP1991

Davies, Norman: *Europe*, Oxford, 1996

Gray, John: *Straw Dogs: Thoughts on Humans and Other Animals*, Granta, 2002

Habermas, Jürgen, *Zeit der Übergänge*, Kleine Politische Schriften IX Suhrkamp, Frankfurt, 2001

Hume, Basil: *Remaking Europe*, SPCK, 1994

Joint Declaration of the Doctrine of Justification (JDDJ), Eerdmans, 2000

Keyserlingk, Robert Wendelin: *Patriots of Peace*, Colin Smyth, 1972.

Koyzis, David: *Political Visions and Illusions*, IVP, 2003

Lean, Garth: *Frank Buchman, a life*, Constable&Son, 1985

Lee, David & Schluter, Michael: *The R-Factor,* Hodder & Stoughton, 1993

Johnston, Douglas & Sampson, Cynthia, Hrsg.: *Religion: the missing dimension of statecraft*, OUP, 1994

Mittendorfer, Rudolf: *Robert Schuman – Architekt des neuen Europa*, Weihert Druck GmbH, 1983.

Mottu, Philippe: *The Story of Caux*, Grovesnor, 1970

Noll, Mark & Nystrom, Carolyn: *Is the Reformation Over?*, Baker 2005

Pelt, Jean-Marie: *Robert Schuman, Father of Europe*, Fondation Robert Schuman, 2000

Schuman, Robert, *For Europe,* Fondation Robert Schuman, 2010

Toynbee, Arnold, *A Study of History,* 12 Bde veröffentlicht 1934–1961, Oxford University Press

Aufsätze:

Price, David Heilbron: „*Robert Schuman's warning of the Nazi destruction of the Jews, August 1942*" www.users.belgacombusiness.net/schuman/Jews.htm – Zugang 26.04.2010

Cole, Graham and Schluter, Michael: „*From Personalism to Relationism: Commonalities and Distinctives*", 2004, www.jubileecentre.org/ resources

Bekemans, Léonce: „*The Christian Identity in the Pluralistic Europa*", European Forum of National Laity Committees, „Religion and Diversity in Europe", Bratislava, 02.07.2008

Dieses Buch beleuchtet die politischen und geschichtlichen Entwicklungen in Europa aus einer geistlichen Sicht heraus.

Sie wollen mehr?

Der Wächterruf leitet in seinem Gebetsbrief Monat für Monat zum Gebet für die gesellschaftlichen und politischen Entwicklungen in Deutschland und Europa an.

Die aktuellen, oftmals komplizierten, Themen werden kurz und allgemein verständlich zusammengefasst. Aus einer geistlichen Sicht darauf werden Gebetsvorschläge formuliert.

Wenn Sie am Wächtergebet teilnehmen möchten, werden Sie Teil eines großen, deutschlandweiten Gebetsnetzes.

Neugierig? Sie finden den Wächterruf:

- im Internet unter www.waechterruf.de
- auf Facebook facebook.com/waechterruf

Oder Sie fordern einfach die Broschüre und ein Probeexemplar kostenlos an:

Wächterruf e.V.
Gebetsnetz für Deutschland
Hangweg 8—73252 Lenningen
Tel: 07026 819750 Fax: 07026 819751
info@waechterruf.de

European Union *of Prayer*

Chairman
Ortwin Schweitzer
Erlachstr. 45
D-70771 Leinfelden-Echterdingen

Phon 0049 (0)711 / 79 38 82
Fax   0049 (0)711 / 7 97 99 15
ortwin.schweitzer@t-online.de

European Union of Prayer

Die European Union of Prayer wurde 2006 in Straßburg gegründet. Ihr Ziel ist, Christen zum Gebet speziell für Europa und auch für Israel einzuladen. Konkret lädt EUoP dazu ein, sich in der jeweiligen Hauptstadt *des* Landes zu treffen, das gerade für ein halbes Jahr die Ratspräsidentschaft der EU innehat. Die Gruppe ist offen für jeden, der Europa im Sinne dieses Buches ansieht und der den Glauben hat, dass Gott Gebete für den europäischen Kontinent wünscht und erhört.

Momentan (Stand 3/2014) treffen sich pro Einsatz ca. 30 Personen aus 10-15 Nationen. Der Einsatz geht in der Regel von Sonntagabend bis Donnerstag nach dem Frühstück. Konferenzsprache ist Englisch.
EUoP sucht bei seinen Einsätzen bewusst auch den Kontakt zu der Gemeinde vor Ort, um mit ihnen zusammen für ihr Land und für Europa zu beten.

Nähere Informationen auf www.euofprayer.eu

Ortwin Schweitzer

DEUTSCHLAND
MEINE LIEBE

Von der Berufung Deutschlands

„Ich liebe Deutschland!" Können Sie das von Herzen sagen? Wie empfinden Sie dabei? Beklommen? Empört? Was für ein Volk sind wir? Gibt es noch ein einziges Volk in Europa, das so fragt? Ortwin Schweitzer stellt sich selber und anderen diese Fragen. Ausführlich geht er der Frage der deutschen Wunde nach und zeigt dann Schritte der Heilung aus der seit 1945 dauernden „nationalen Neurose".

Ortwin Schweitzer studierte Neuphilologie und Theologie und unterrichtete an einem Gymnasium, bis er 1971 in das Evangelische Jugendwerk in Württemberg berufen wurde. Danach war er 15 Jahre lang Leiter des Hauskreisreferates beim Amt für missionarische Dienste in Stuttgart. Seit September 2000 engagiert er sich bei Beter im Aufbruch Deutschland, einer unterstützenden Arbeit für die Gebetsbewegungen in Deutschland.

VERLAG GOTTFRIED BERNARD
ISBN 978-3-934771-42-0 · Best.-Nr. 175742